Italo Svevo

MEIN MÜSSIGGANG

Erzählungen

Deutsch von
Ragni Maria Gschwend, Anna Leube
und Piero Rismondo

rororo

Rowohlt

Ragni Maria Gschwend übersetzte «Feuriger Wein», Anna Leube «Die Zukunft der Erinnerungen», Piero Rismondo «Mein Müßiggang» und «Meuchlings»

Veröffentlicht im
Rowohlt Taschenbuch Verlag GmbH,
Reinbek bei Hamburg, Januar 1996
Die Erzählungen der vorliegenden
Ausgabe wurden den Bänden
«Die Erzählungen 1»
und «Die Erzählungen 2» entnommen.

Umschlaggestaltung Walter Hellmann/Beate Becker
(Foto: Emily Miller/Gruner + Jahr Fotoservice)
Satz Sabon (Linotronic 500)
Gesamtherstellung Clausen & Bosse, Leck
Printed in Germany
200-ISBN 3 499 22048 2

INHALT

MEIN MÜSSIGGANG

Ja, die Gegenwart kann man nicht einfach auf dem Kalender suchen oder auf der Uhr, die man beide nur betrachtet, um das eigene Verhältnis zur Vergangenheit festzulegen oder um mit einem Anschein von Gewissenhaftigkeit den Weg in die Zukunft zu beschreiten. Ich, die Dinge und die Personen, die mich umgeben, wir sind die wahre Gegenwart.

Meine Gegenwart setzt sich ihrerseits aus verschiedenen Zeiten zusammen: Da ist einmal eine erste sehr lange Gegenwart: mein Abschied von den Geschäften. Sie dauert jetzt acht Jahre. Ein rührendes Nichts-mehr-zu-tun-Haben. Sodann gibt es besonders wichtige Ereignisse, die diese Gegenwart unterteilen: zum Beispiel die Heirat meiner Tochter, ein längst vergangenes Ereignis, das in jene andere lang andauernde Gegenwart einfließt, die durch den Tod ihres Ehemanns unterbrochen – vielleicht auch neu hergestellt oder, besser gesagt, korrigiert – wurde. Die Geburt meines kleinen Enkels Umberto, die gleichfalls weit zurückliegt, denn die wahre Gegenwart in meiner Beziehung zu Umberto ist die Liebe, die ich ihm inzwischen entgegenbringe:

ein Erfolg, den er für sich buchen kann, obwohl er nichts davon weiß, sondern glaubt, er habe von Geburts wegen Anspruch darauf. Aber glaubt dieses winzige Wesen überhaupt etwas? Seine, das heißt meine Gegenwart in bezug auf ihn ist eben sein selbstsicherer kleiner Schritt, den zuweilen schmerzliche Ängste zum Stocken bringen, die aber in der Gesellschaft seiner Puppen wieder vergehen, falls es ihm nicht gelingt, seiner Mutter oder meinen, des Großvaters, Beistand zu erzwingen. Meine Gegenwart, das ist auch Augusta, so wie sie jetzt lebt – die Ärmste! –, mit ihren Tieren, den Hunden, Katzen und Vögeln, und in ihrer ewigen Unpäßlichkeit, die sie nicht mit der nötigen Energie kurieren will. Sie tut nur das Wenige, das Doktor Raulli ihr verordnet, und hört weder auf mich – der ich doch mit übermenschlicher Kraft die gleichen Zustände, Abnutzungserscheinungen des Herzens, zu überwinden wußte – noch auf Carlo, unseren Neffen (Guidos Sohn), der erst kürzlich von der Universität zurückgekehrt ist und somit die modernsten Heilmittel kennt.

Ein Großteil meiner Gegenwart wird zweifelsohne von der Apotheke bestritten. Diese Gegenwart begann zu einer Zeit, die ich nicht genau angeben kann, doch erfuhr sie immer wieder Einschnitte durch neue Medikamente und Heilmethoden. Wohin sind die Zeiten, als ich noch glaubte, allen Bedürfnissen meines Organismus Genüge zu tun, wenn ich allabendlich eine reichliche Dosis Lakritzenpulver oder einfache Brompräparate in Pulverform oder als Brühe einnahm? Jetzt verfüge ich mit Carlos Hilfe über ganz andere Kampfmittel gegen die Krankheit. Carlo sagt mir alles, was er weiß, ich hingegen sage ihm nicht alles, was ich denke, denn ich habe Angst, er könnte mir nicht beipflichten, könnte mit seinen Einwänden die Festung zerstören, in der ich mich mit so großer Mühe verschanzt habe und die mir eine Ruhe und Sicherheit gewährleistet, wie sie Menschen in meinem Alter gewöhnlich nicht haben. Eine richtige Festung! Carlo glaubt, daß ich alle seine Ratschläge aus Vertrauen zu ihm so prompt befolge. Ach wo! Ich weiß, daß er vieles weiß, und ich versuche, es zu lernen und anzuwenden, jedoch mit Bedacht. Meine Arterien sind nicht in Ordnung, das ist sicher. Im vergangenen Sommer stieg mein Blutdruck auf 240. Es war eine Zeit tiefster Niedergeschlagenheit, ob aus diesem oder einem anderen Grunde, weiß ich nicht. Schließlich gelang es mir, durch ein Jodpräparat, das ich in großen Dosen nahm, und durch ein anderes Medikament, dessen Namen ich mir nie merken kann, den Blutdruck auf 160 zu senken, und da ist er bis heute geblieben ... Ich habe einen Augenblick meine Aufzeichnungen unterbrochen, um ihn mit dem kleinen Apparat, der immer auf meinem Tisch bereitsteht, zu überprüfen. Genau 160! Früher fühlte ich mich ständig vom Schlaganfall bedroht, ich spürte geradezu, wie er herannahte. Die Nähe des Todes machte mich nicht eben gütig, denn es ist schwer, Leute zu lieben, die, von keinerlei Schlaganfall bedroht, einen mit dem Ausdruck hassenswerter Unbeschwertheit bedauern, bemitleiden und sich dabei unterhalten.

Unter Carlos Anleitung aber behandelte ich auch jene Organe, die bisher in keiner Weise Hilfe verlangt hatten. Es ist jedoch klar, daß sich jedes meiner Organe nach so vielen arbeitsreichen Jahren müde fühlen kann und ihm Hilfe also nur guttut. So schicke ich ihm die nicht verlangte Hilfe. Wie oft seufzt der Arzt, wenn die Krankheit bereits ausgebrochen ist: «Man hat mich zu spät gerufen!» Es empfiehlt sich daher vorzubeugen. Gewiß kann ich keine Leberkuren anwenden, wenn an der Leber keine Krankheitszeichen festzustellen sind, aber ich kann mich auch nicht der Gefahr aussetzen, so zu enden wie der Sohn eines meiner Freunde, der mit 31 Jahren und bei voller Gesundheit eines schönen Tages infolge eines heftigen Anfalls von Gelbsucht die Farbe einer Melone annahm und innerhalb von achtundvierzig Stunden starb. «Er war nie krank gewesen», sagte mir sein armer Vater, «er war ein Koloß und mußte sterben.» Viele Kolosse nehmen ein schlimmes Ende. Ich habe dies wiederholt beobachten können und freue mich daher, daß ich kein Koloß bin. Vorsicht aber ist eine gute Sache, und so beschenke ich jeden Montag meine Leber mit einer Pille, die sie vor plötzlichen akuten Krankheiten schützen soll, wenigstens bis zum nächsten Montag. Die Nieren kontrolliere ich durch regelmäßige Analysen, und bis jetzt hat sich noch kein Krankheitssymptom an ihnen gezeigt. Ich weiß aber, daß sie Hilfe nötig haben könnten. Die strenge Milchdiät am Dienstag verschafft mir eine gewisse Sicherheit für den Rest der Woche. Das Allerschönste wäre freilich, wenn sich die anderen Leute, die nie an ihre Nieren denken, einer tadellosen Nierenfunktion erfreuten und ich, der ihnen allwöchentlich ein Opfer darbringt, eines Tages die gleiche Überraschung erleben sollte wie einst der arme Copler *.

Vor ungefähr fünf Jahren befiel mich eine chronische Bronchitis, die mir den Schlaf raubte; ich mußte immer wieder aus dem Bett

* Copler ist eine Figur aus dem Roman ‹*Zeno Cosini*›.

springen und jede Nacht mehrere Stunden in einem Fauteuil sitzend verbringen. Der Arzt wollte es mir nicht sagen, aber es handelte sich dabei gewiß auch um Herzschwäche. Raulli verordnete mir damals, das Rauchen aufzugeben, abzunehmen und wenig Fleisch zu essen. Da es schwer war, das Rauchen aufzugeben, versuchte ich, die ärztliche Verordnung zu kompensieren, indem ich auf den Fleischgenuß ganz verzichtete. Aber auch das Abnehmen war nicht leicht. Ich wog damals vierundneunzig Kilo netto. Im Verlauf von drei Jahren gelang es mir, zwei Kilo abzunehmen. Ich hätte also, um auf das von Raulli gewünschte Gewicht zu kommen, weitere achtzehn Jahre gebraucht. Es war einfach schwer, wenig zu essen und zugleich auf Fleisch zu verzichten.

Ich muß hier zugeben, daß ich meine Abmagerung einzig Carlo verdanke. Sie war einer seiner ersten Heilerfolge. Er riet mir, eine meiner drei täglichen Mahlzeiten zu überspringen, und ich beschloß, das Abendessen zu opfern, das wir in Triest um acht Uhr abends einnehmen, im Gegensatz zu den anderen Italienern, die mittags ein zweites Frühstück essen und die Hauptmahlzeit um sieben Uhr. So fastete ich täglich achtzehn Stunden ununterbrochen.

Dafür schlief ich besser. Ich fühlte sofort, daß

das Herz jetzt, da es sich nicht mehr mit der Verdauung abplagen mußte, jeden seiner Schläge dazu verwenden konnte, Blut in die Venen zu pumpen, die Rückstände aus dem Organismus zu entfernen und vor allem die Lungen zu versorgen. Ich, der ich schon die Schrecken der Schlaflosigkeit erfahren hatte, die furchtbare Erregtheit eines Menschen, der die Ruhe mit aller Macht herbeisehnt und sie gerade deshalb nicht finden kann, lag nun reglos da, in gelassener Erwartung der Wärme und des Schlafes. Er hielt lange an, eine richtige Pause in diesem anstrengenden Leben. Der Schlaf nach einer üppigen Mahlzeit ist dagegen etwas ganz anderes: Da kümmert sich das Herz allein um die Verdauung und ist von jeder anderen Sorge entbunden.

Dabei zeigte sich mir vor allem eines: daß ich besser zum Verzicht als zur Mäßigung geeignet war. Es fiel mir leichter, überhaupt nichts zu Abend zu essen, als das Mittagessen und das Frühstück einzuschränken. Hier gab es nun keine weiteren Einschränkungen mehr. Zweimal am Tage konnte ich soviel essen, wie ich wollte. Das schadete nicht, denn es folgten ja achtzehn Stunden der Selbstverzehrung. Anfangs ergänzte ich das aus Pastasciutta und Gemüsen bestehende Mittagessen durch ein paar Eier. Dann aber strich ich auch sie, nicht weil

Raulli oder Carlo es so wünschten, sondern um die vernünftigen Ratschläge des Philosophen Herbert Spencer zu befolgen: Er hatte ein Gesetz entdeckt, wonach die Organe, die sich – infolge Überernährung – zu rasch entwickeln, nicht so kräftig werden wie jene, die für ihr Wachstum mehr Zeit benötigen. Natürlich ging es dabei um Kinder, aber ich bin überzeugt, daß auch der Stoffwechsel eine Entwicklung ist und daß auch ein siebzigjähriges Kind gut daran tut, seine Organe zu lieben, anstatt sie zu überfüttern. Hinterher war Carlo mit meiner Theorie sehr einverstanden, ja manchmal möchte er mir sogar einreden, er selber habe sie erfunden.

Bei meiner Bemühung, auf das Abendessen zu verzichten, war mir das Rauchen von großem Nutzen, und zum erstenmal in meinem Leben versöhnte ich mich auch theoretisch mit ihm. Ein Raucher fastet leichter als ein Nichtraucher. Ein tüchtiger Zug aus der Zigarette schläfert jeglichen Appetit ein. Dem Rauchen, so meine ich, habe ich es zu verdanken, daß ich mein Körpergewicht auf achtzig Kilogramm netto herunterbringen konnte. Es ist außerordentlich beruhigend, jetzt aus gesundheitlichen Gründen zu rauchen. Man raucht ein bißchen mehr, mit absolut ruhigem Gewissen. Im Grunde ist die Gesundheit ein Zustand, der einem Wunder gleichkommt. Da er durch die Zusammenarbeit verschiedener Organe erreicht wird, deren Funktion wir, obwohl wir sie kennen, nie ganz ergründen können (das gibt sogar Carlo zu, der die ganze Wissenschaft beherrscht, selbst die unserer Ignoranz), darf man annehmen, daß es eine vollkommene Gesundheit überhaupt nicht gibt. Andernfalls wäre es ja ein noch größeres Wunder, daß sie nachläßt.

Die Dinge, die in Bewegung sind, könnten sich ewig weiter bewegen. Warum nicht? Ist dies nicht das Gesetz des Himmels, wo sicherlich das gleiche Gesetz herrscht wie auf der Erde? Ich aber weiß, daß von der Geburt an auch die Krankheit vorgesehen und angelegt ist. Irgendein Organ ist von allem Anfang an schwächer, arbeitet mit einer gewissen Anstrengung und zwingt so ein Bruderorgan ebenfalls zur Anstrengung; und auf jede Anstrengung folgt Erschöpfung und damit, am Ende, der Tod.

Deshalb, und nur deshalb, bedeutet die Krankheit, auf die der Tod folgt, keinerlei Unordnung in unserer Natur. Ich bin zu unwissend, um sagen zu können, ob es dort oben im Himmel, so wie hier unten auf der Erde, möglicherweise auch Tod und Fortpflanzung gibt. Ich weiß nur, daß die Bewegungen einiger Sterne, auch einiger Planeten, etwas fehlerhaft sind. Es darf als sicher gelten, daß ein Planet, der sich nicht um sich selber dreht, lahm ist oder blind oder bucklig.

Unter unseren Organen aber gibt es eines, das im Zentrum steht, sozusagen die Sonne eines Planetensystems darstellt. Bis vor wenigen Jahren glaubte man, es sei das Herz. Heute wissen alle, daß unser ganzes Leben vom Sexualorgan abhängt. Carlo rümpft die Nase, wenn er von Verjüngungsoperationen hört, aber sogar er zieht den Hut, sobald von den Sexualorganen die Rede ist. Er sagt: Wenn es gelänge, die Sexualorgane zu verjüngen, dann würde sich sicherlich auch der ganze übrige Organismus verjüngen. Das brauchte man mir nicht erst beizubringen. Das hätte ich von selber gewußt. Aber es wird nicht gelingen. Es ist unmöglich. Weiß Gott, welche Wirkungen die Affendrüse hat. Vielleicht fühlt der Operierte beim Anblick einer schönen Frau den Drang, auf den nächsten Baum zu klettern. Das wäre ja auch ein Akt von Jugendlichkeit.

Es ist klar: Mutter Natur ist manisch, das heißt, sie hat die Manie der Fortpflanzung. Sie hält einen Organismus so lange am Leben, wie Hoffnung besteht, daß er sich fortpflanzt. Danach tötet sie ihn, und sie tut es auf die unterschiedlichste Weise, denn sie hat auch noch die

Manie, geheimnisvoll zu bleiben. Sie liebt es nicht, ihre Absicht zu enthüllen, indem sie sich etwa immer der gleichen Krankheit bediente, um die Alten zu beseitigen. Einer Krankheit, welche die Ursache unseres Todes klar erkennen ließe, ein kleiner Krebs, immer an der gleichen Stelle.

Ich bin stets sehr unternehmungslustig gewesen. Da eine Operation nicht in Betracht kam, wollte ich Mutter Natur überlisten, wollte sie glauben machen, ich wäre immer noch zur Fortpflanzung befähigt, und nahm mir eine Geliebte. Es war die ruhigste Liebesbeziehung meines Lebens. Vor allem hatte ich nicht das Gefühl, einen Seitensprung zu begehen oder Augusta zu betrügen. Das wäre ja auch ein absurdes Gefühl gewesen: Ich empfand meinen Entschluß, mir eine Geliebte zu nehmen, so, als schickte ich mich an, in die Apotheke zu gehen.

Natürlich komplizierten sich in der Folge die Dinge ein wenig. Man kommt schließlich darauf, daß sich ein ganzer Mensch nicht wie ein gewöhnliches Medikament verwenden läßt: Man hat es mit einem komplizierten Medikament zu tun, das auch eine starke Dosis Gift enthält. Ich war noch nicht richtig alt. Die Geschichte liegt drei Jahre zurück, ich zählte also 67 Jahre: Ich war noch kein Greis. Daher geschah es, daß mein Herz, das als Organ von zweitrangiger Bedeutung mit dem Abenteuer nichts zu tun haben sollte, schließlich doch daran teilhatte. Und so kam es, daß an manchen Tagen auch Augusta aus meinem Abenteuer ihren Vorteil zog, sie wurde verwöhnt, geliebt, entschädigt wie zu Carlas * Zeiten. Merkwürdig ist nur, daß Augusta darüber überhaupt nicht erstaunt war, sie bemerkte dieses Neue nicht einmal. Sie lebt seelenruhig dahin und findet es ganz natürlich, daß ich mich mit ihr weniger abgebe als in früheren Zeiten, aber unsere jetzige Passivität vermindert in keiner Weise unsere gegenseitige Bindung, die einst durch Zärtlichkeiten und Koseworte geknüpft worden war. Diese Zärtlichkeiten und Koseworte müssen nicht ständig wiederholt werden, damit die Bindung zwischen uns fortdauere, immer lebendig und gleich innig bleibe. Als ich eines Tages, um mein Gewissen zu beruhigen, zwei Finger unter ihr Kinn schob und ihr lange in die treuen Augen blickte, schmiegte sie sich hingebungsvoll an mich und bot mir ihre Lippen: «Du bist immer gleich zärtlich geblieben.» Im ersten Augenblick war ich ein wenig überrascht. Als ich dann aber

* Carla, einstige Geliebte Zenos, bekannt aus dem Roman ‹*Zeno Cosini*›.

aufmerksam in die Vergangenheit zurückschaute, erkannte ich, daß ich es tatsächlich nie so sehr an Zärtlichkeit hatte fehlen lassen, daß dadurch die Liebe, die ich Augusta einst entgegengebracht hatte, verleugnet worden wäre. Ich hatte sie auch jeden Abend etwas zerstreut umarmt, ehe ich die Augen zum Schlafe schloß.

Es war einigermaßen schwer, die Frau zu finden, die ich suchte. Im Hause gab es keine, die für diese Aufgabe in Betracht kam, zumal ich es auch vermeiden wollte, mein Heim zu besudeln. Ich hätte es gleichwohl getan, angesichts der Zwangslage, in der ich mich befand, Mutter Natur zu überlisten, damit sie den Augenblick noch nicht für gekommen erachte, mir die Todeskrankheit zu schicken, und auch angesichts der großen, ungeheuren Schwierigkeit, die für einen betagten, mit Nationalökonomie befaßten Mann darin bestand, das Geeignete außer Haus zu finden – doch hier bot sich wirklich gar keine Möglichkeit. Die schönste Frau in unserem Hause war tatsächlich Augusta. Es gab noch ein vierzehnjähriges Mädchen, das Augusta für bestimmte Arbeiten heranzog. Hätte ich mich diesem Mädchen genähert, Mutter Natur hätte mir nicht geglaubt, das war mir klar; sie hätte mir schleunigst den Garaus gemacht, irgendeinen ihrer Blitze auf mich herabgeschleudert, die sie ja stets zur Verfügung hat.

Unnötig zu erzählen, wie ich Felicita fand. Der Gesundheit zuliebe ging ich, um mich mit Zigaretten zu versorgen, täglich weit über die Piazza Unità hinaus und zwang mich so zu einem mehr als halbstündigen Spaziergang. Die Verkäuferin war ein altes Weib, die Besitzerin des Ladens aber, die alle Tage für ein paar Stunden kam, um sie zu kontrollieren, war eben Felicita, ein etwa vierundzwanzigjähriges Mädchen. Anfangs dachte ich, sie hätte die Tabaktrafik geerbt; viel später erfuhr ich, daß sie sie gekauft hatte, mit ihrem eigenen Geld. Dort lernte ich sie kennen. Wir waren bald handelseinig. Sie gefiel mir. Sie war eine Blondine, stets bunt gekleidet, zwar schienen mir die Stoffe nicht eben kostbar zu sein, aber es waren immer wieder neue und überaus auffallende. Sie war stets stolz auf ihre Schönheit, die aus einem kleinen, durch kurzgeschnittenes, aber dichtgelocktes Haar aufgebauschten Köpfchen und einem zierlichen Figürchen bestand, das so kerzengerade war, als hätte sie einen Stock verschluckt und hielte sich etwas nach hinten geneigt. Ihre Vorliebe für lebhafte Farben fiel mir sofort auf. Diese Vorliebe sprang besonders in die Augen, wenn sie zu Hause war. Die Wohnung war nicht immer gut geheizt, und einmal registrierte ich, wie viele Farben Felicita auf sich geladen hatte: ein rotes Tuch um den Kopf, nach der Art unserer Bäuerinnen geknotet, ein gelbes Brokattuch um die Schultern, eine rot-gelb-grün abgesteppte Schürze über dem blauen Rock und in verschiedensten Farben bestickte Wollpantoffeln. Eine geradezu orientalische Erscheinung; das blasse kleine Gesicht aber stammte unverkennbar aus unserer Gegend, es hatte diese Augen, die Dinge und Menschen aufmerksam betrachten, um allen Vorteil aus ihnen herausschlagen zu können. Wir machten sogleich ein Monatsgehalt aus, und es war, ehrlich gestanden, so ansehnlich, daß ich es nicht ohne Wehmut mit jenen so viel geringeren Vorkriegshonoraren verglich. Und die teure Felicita begann schon am 10. von dem fällig werdenden Gehalt zu reden, was mir einen guten Teil des Monats verdarb. Sie war aufrichtig, offen. Ich war es weniger, und sie erfuhr nie, daß ich auf Grund des Studiums medizinischer Texte zur ihr gekommen war.

Auch ich vergaß es bald. Ich muß gestehen, daß ich heute dieser Wohnung nachtrauere, die ländlich-primitiv war, bis auf ein geschmackvoll eingerichtetes Zimmer, dessen Luxus meinen Zahlungen entsprach. Es war in sehr strengen

Farben gehalten und nicht sehr hell, Felicita wirkte darin wie eine bunte Blume. Felicita hatte auch einen Bruder, der in derselben Wohnung wohnte: ein sehr ernster Mensch, ein tüchtiger Elektrotechniker, der ziemlich gut verdiente. Er machte einen etwas schlecht ernährten Eindruck, das kam aber nicht daher, daß er unverheiratet war, sondern, wie man leicht erraten konnte, von seiner Sparsamkeit. Ich unterhielt mich jedesmal mit ihm, wenn Felicita ihn rief, damit er in unserem Zimmer die elektrischen Sicherungen überprüfe. Ich erkannte bald, daß Bruder und Schwester gemeinsam daran arbeiteten, sich so rasch wie möglich ein gewisses Vermögen zu schaffen. Felicita führte ein streng geregeltes Leben zwischen Geschäft und Wohnung, und Gastone zwischen Werkstatt und Wohnung. Felicita schien weit mehr zu verdienen als Gastone, das spielte aber keine Rolle, da sie – wie ich später erfahren sollte – die Mithilfe ihres Bruders für unerläßlich hielt. Er war es auch gewesen, der den Ankauf der Tabaktrafik organisiert hatte, die sich als eine gute Geldanlage erwies. Er war so überzeugt, das Leben eines rechtschaffenen Menschen zu führen, daß er für die Arbeiter, die ihren ganzen Verdienst ausgaben, ohne an das Morgen zu denken, nur Worte der Verachtung übrig hatte.

Kurz, es war ein recht gutes Miteinander. Das Zimmer, das so ernst wirkte und so ordentlich gehalten war, erinnerte ein wenig an einen ärztlichen Ordinationsraum. Nur daß Felicita eine etwas bittere Medizin war, die man hinunterschlucken mußte, ohne den Gaumennerven Zeit zu lassen, sie zu lange auszukosten. Gleich zu Beginn, eigentlich noch vor Abschluß des Vertrages und um mich zu ihm zu ermutigen, schmiegte sie sich an mich und sagte: «Weißt du, es graust mir gar nicht vor dir.» Da es mit großer Liebenswürdigkeit gesagt wurde, klang es ziemlich liebenswürdig, aber ich war erstaunt. Ich hatte, offen gestanden, noch nie an die Möglichkeit gedacht, es könnte jemandem vor mir grausen. Ich hatte vielmehr gemeint, zur Liebe, derer ich mich infolge einer falschen Auslegung der Gesundheitsvorschriften so lange enthalten hatte, zurückgefunden zu haben, um mich einem Menschen, der mich begehrte, hinzugeben, zu schenken. Das wäre die richtige gesundheitsfördernde Praxis gewesen, die ich anstrebte, andernfalls mußte die Kur unvollständig bleiben und konnte nicht sehr wirksam sein. Aber trotz des Geldes, das ich für die Kur bezahlte, wagte ich es nicht, Felicita auseinanderzusetzen, wie ich sie mir wünschte. Und sehr oft verdarb sie mir die Kur in aller Ahnungslosigkeit, während sie sich mir hingab: «Merkwürdig! Es graust mir gar nicht vor dir.» Eines Tages flüsterte ich ihr, mit der Brutalität, zu der ich gelegentlich fähig bin, zärtlich ins Ohr: «Merkwürdig! Auch mir graust es gar nicht vor dir.» Das brachte sie so sehr zum Lachen, daß die Kur unterbrochen werden mußte.

Und doch, um mich innerlich aufzurichten, um mich sicherer zu fühlen, würdiger, gehobener, um zu vergessen, daß ich einen Teil meines Lebens mit dem Bemühen verbrachte, kein Grausen zu erregen, wage ich es manchmal, zu mir selbst voll Stolz zu sagen, daß mich Felicita während einiger kurzer Augenblicke unserer langen Beziehung auch geliebt habe. Und wenn ich nach einem aufrichtigen Ausdruck ihrer Zuneigung suche, dann sehe ich ihn nicht in der stets unveränderten Liebenswürdigkeit, mit der sie mich empfing, nicht in ihrer mütterlichen Fürsorge, mit der sie mich vor Zugluft schützte, auch nicht in der Beflissenheit, mit der sie mich einmal in den Mantel ihres Bruders steckte und mir einen Schirm lieh, weil draußen, während wir beisammen waren, ein Unwetter losgebrochen war, sondern ich erinnere mich eines in aller Aufrichtigkeit hervorgestammelten Satzes: «Wie mir vor dir graust! Wie mir vor dir graust!»

Als ich eines Tages mit Carlo, wie üblich, über Medizin sprach, sagte er: «Du würdest ein Mädchen brauchen, das an Gerontophilie leidet.» Wer weiß? Ich gestand es Carlo nicht, aber vielleicht hatte ich dieses Mädchen schon einmal gefunden und dann verloren. Allerdings glaube ich nicht, daß Felicita eine aufrichtige Liebhaberin alter Männer war. Sie knöpfte mir zuviel Geld ab, als daß man annehmen könnte, sie habe mich um meiner selbst willen geliebt.

Sie war wirklich die kostspieligste Frau, die ich in meinem Leben kennengelernt habe. Mit ihren heiteren Augen, die sie oft halb zusammenkniff, um schärfer sehen zu können, studierte sie in aller Unbefangenheit, bis zu welchem Grad ich mich ausplündern lassen würde. Anfangs und lange Zeit hindurch begnügte sie sich genau mit der vereinbarten Monatssumme, denn da war ich noch nicht zum Sklaven der Gewohnheit geworden und hatte ihr zu verstehen gegeben, daß ich weitere Spesen ablehnen würde. Sie versuchte mehrmals, Hand an meine Brieftasche zu legen, steckte dann aber zurück, um sich nicht dem Risiko auszusetzen, mich zu verlieren. Einmal aber gelang es ihr doch. Sie erhielt von mir das Geld für einen ziemlich teuren Pelz, den ich nachher nie an ihr sah. Ein anderes Mal ließ sie sich ein Kleid von mir bezahlen, ein

Pariser Modell, und sie zeigte es mir sogar: So blind ich aber auch sein mochte, ihre bunten Kleider prägten sich einem unvergeßlich ein, und ich entdeckte, daß ich dieses Kleid schon früher an ihr gesehen hatte. Sie war eine sparsame Frau und täuschte mir nur Launen vor, weil sie dachte, daß ein Mann einer Frau leichter eine Laune als Geiz zugestehe. Meine Beziehung zu Felicita endete folgendermaßen:

Ich hatte das Recht, sie zweimal wöchentlich zu bestimmten Stunden zu besuchen. An einem Dienstag nun, als ich schon auf halbem Wege zu ihr war, merkte ich plötzlich, daß ich mich allein wohler fühlen würde. Ich kehrte in mein Arbeitszimmer zurück und widmete mich unbeschwert am Grammophon der «Neunten Symphonie» von Beethoven.

Am Mittwoch dann empfand ich zwar kein besonderes Bedürfnis nach Felicita, aber mein Geiz trieb mich zu ihr. Ich zahlte ihr ein beträchtliches Monatsgehalt, und wenn ich meine Rechte nicht ausnützte, kam sie mir gewissermaßen zu teuer. Man darf auch nicht außer acht lassen, daß ich mich Kuren, wenn ich sie einmal begonnen habe, mit äußerster Gewissenhaftigkeit unterziehe, mit wissenschaftlicher Präzision. Nur so kann man ja beurteilen, ob die Kur einem genützt hat oder nicht.

So rasch meine Beine mich tragen konnten, eilte ich in das Zimmer, das ich für das «unsere» hielt. In diesem Augenblick aber gehörte es einem anderen. Der dicke Misceli, ein Mann etwa meines Alters, saß in einer Ecke auf einem Sessel, während Felicita bequem auf dem Sofa ausgestreckt lag und genußvoll eine große, erlesene Zigarette rauchte, eine von denen, die man in ihrer Trafik nicht bekam. Eigentlich war es genau die gleiche Situation, in der Felicita und ich uns befanden, wenn wir allein waren, nur mit dem Unterschied, daß Misceli nicht rauchte, während ich mir noch vor Felicita die Zigarette anzuzünden pflegte.

«Sie wünschen?» fragte Felicita eisig und betrachtete aufmerksam die Fingernägel der Hand, mit der sie die Zigarette hielt.

Ich wußte nicht, was ich ihr sagen sollte. Ich fand aber um so leichter die Sprache wieder, als ich, ehrlich gestanden, keinerlei Groll gegen Misceli empfand. Der dicke Mann, der so alt war wie ich, aber viel älter aussah, weil er durch sein großes Gewicht behindert war, betrachtete mich unschlüssig durch die blitzenden Augengläser, die auf seiner Nasenspitze ruhten. Andere alte Männer kommen mir immer älter vor als ich.

«Oh, Misceli», sagte ich und war fest entschlossen, keine Szene zu machen, «wir haben uns lange nicht mehr gesehen.» Und ich reichte ihm die Hand, in die er seine dicke Hand legte und schlaff darin ruhen ließ. Noch immer brachte er kein Sterbenswort heraus! Er wirkte tatsächlich viel älter als ich.

Mit der Objektivität eines vernünftigen Menschen hatte ich zu diesem Zeitpunkt längst begriffen, daß meine Situation genau die gleiche war wie die Miscelis. Ich fand daher, daß keinerlei Anlaß vorlag, mich über ihn zu ereifern. Genaugenommen glich das Ganze einem zufälligen Zusammenprall auf der Straße. Man geht weiter, auch wenn einen der verletzte Körperteil schmerzt, und murmelt eine Entschuldigung.

Bei dieser Erkenntnis erwachte in mir wieder der Gentleman, der ich immer gewesen bin. Ich hielt es für meine Pflicht, auch Felicita die Situation zu erleichtern, und sagte zu ihr: «Hören Sie, Signorina, ich brauche hundert Päckchen ‹Sport›-Zigaretten, aber sorgfältig ausgesuchte, denn es handelt sich um ein Geschenk. Sie sollten möglichst weich sein. Ihre Trafik ist etwas entlegen, und so habe ich mir erlaubt, auf einen Sprung in Ihre Wohnung zu kommen.»

Felicita hob den Blick von ihren Fingernägeln und war sehr höflich. Sie stand auf und geleitete mich zur Tür. Mit leiser Stimme, aus der ein heftiger Vorwurf herausklang, brachte sie hervor: «Warum bist du gestern nicht gekommen?» Und gleich darauf: «Und warum bist du heute gekommen?»

Sie beleidigte mich. Es war widerlich, auf bestimmte Tage verwiesen zu werden, noch dazu bei dem Preis. Ich verschaffte mir sogleich Erleichterung, indem ich meinem Groll freien Lauf ließ: «Ich bin nur gekommen, um dir mitzuteilen, daß ich nichts mehr von dir wissen will und daß wir uns nicht mehr sehen werden!»

Sie schaute mich überrascht an, sie trat sogar, um mich besser betrachten zu können, von mir zurück, wobei ihr Körper für einen Moment noch stärker als sonst hintenüber geneigt war. Es war gewiß eine seltsame Haltung, sie verlieh ihr aber eine gewisse Grazie, die Grazie eines sicheren Menschen, der selbst in der schwierigsten Lage das Gleichgewicht zu halten versteht.

«Wie du willst», sagte sie und zuckte die Achseln. Um sich aber ganz zu vergewissern, daß sie mich richtig verstanden habe, fragte sie mich doch noch, während sie die Tür öffnete: «Wir sehen uns also nicht mehr?» Dabei sah sie mir forschend ins Gesicht.

«Gewiß werden wir uns nicht mehr sehen», sagte ich in einer Anwandlung von Zorn. Ich schickte mich an, die Stiegen hinunterzugehen, als der dicke Misceli in der Tür erschien und schrie: «Warte doch, warte, ich komme mit. Ich habe dem Fräulein auch schon gesagt, wie viele ‹Sport›-Zigaretten ich brauche. Hundert. So wie du.» Wir gingen die Stiegen zusammen hinunter, und erst nach längerem Zögern, das mir eine innige Befriedigung bereitete, schloß Felicita die Tür.

Wir schritten die steil abfallende Straße, die zur Piazza Unità führt, langsam hinab, indem wir vorsichtig einen Fuß vor den anderen setzten. Auf dieser abschüssigen Straße wirkte er, der um so viel mehr wog, ganz ohne Zweifel älter als ich. An einer Stelle stolperte er sogar und wäre beinahe hingefallen, wenn ich ihn nicht prompt gestützt hätte. Er dankte mir nicht. Er war etwas außer Atem und der anstrengende Abstieg noch nicht zu Ende. Deshalb, nur deshalb, sprach er nicht. Erst als wir den ebenen Platz hinter dem Rathaus erreichten, löste sich seine Zunge: «Ich selbst rauche gar keine ‹Sport›. Aber sie ist im Volk die beliebteste Zigarette. Ich muß meinem Tischler ein Geschenk machen, und da wollte ich mir gute besorgen, wie Fräulein Felicita sie hat.»

Jetzt, wo er zu sprechen begonnen hatte, konnte er nur noch Schritt vor Schritt setzen. Er mußte stehenbleiben, um in einer seiner Hosentaschen zu stöbern. Er zog eine goldene Zigarettendose hervor, drückte auf einen Knopf, und die Dose sprang auf. «Willst du eine?» fragte er. «Es sind nikotinfreie.» Ich nahm eine und blieb gleichfalls stehen, um sie anzuzünden. Er aber stand immer noch da, nur um die Zigarettendose wieder in seiner Tasche zu verstauen. Und ich dachte: Sie hätte einen Rivalen für mich finden können, der meiner würdiger ist. Ich kam tatsächlich sowohl beim Abstieg als auch auf der ebenen Strecke viel leichter voran als er. Mit ihm verglichen, war ich geradezu ein Jüngling. Außerdem rauchte er diese nikotinfreien Zigaretten, die gar keinen Geschmack haben. Da war ich doch weit männlicher: Ich hatte immer versucht, das Rauchen aufzugeben, aber diese Feigheit mit den nikotinfreien Zigaretten wäre mir nie in den Sinn gekommen.

Mit Gottes Hilfe langten wir beim Eingang zum Tergesteum* an, hier galt es, sich zu verab-

* Ein 1842 fertiggestelltes weitläufiges Gebäude mit einer kreuzförmig angelegten, glasgedeckten Galerie. Dort sowie in den ebenerdig gelegenen Sälen wurde zwischen 12 und 2 Uhr mittags die Börse abgehalten. Außerdem befanden sich hier die Lesesäle des österreichisch-ungarischen Lloyd und der Gesellschaft der Kaufleute, in denen mehr Zeitungen auslagen als in irgendeinem anderen Lesekabinett Europas. Es gab auch Spielsäle und Cafés, die Svevo selbst, wie auch seine Romanfigur

schieden. Misceli sprach jetzt von ganz anderen Dingen: von Börsengeschäften, in denen er überaus bewandert war. Aber er schien mir irgendwie erregt und gleichzeitig etwas abwesend. Kurz, es schien mir, daß er zwar redete, aber sich selbst nicht zuhörte. In dieser Hinsicht war er wie ich, denn ich hörte ihm überhaupt nicht zu, sondern sah ihn an und versuchte gerade das zu erraten, was er nicht sagte.

Und ich wollte mich nicht von ihm trennen, ohne den Versuch gemacht zu haben, mich über das, was er dachte, genauer zu unterrichten. Zu diesem Zwecke begann ich, mich ihm ganz zu eröffnen. Das heißt, ich platzte heraus: «Diese Felicita ist wirklich ein Luder.» Misceli bot mir ein neues Schauspiel, nämlich das seiner Verlegenheit. Sein mächtiger Unterkiefer geriet in Bewegung wie bei einem Wiederkäuer. Bereitete er seine Rede dadurch vor, daß er zunächst einmal diesen Körperteil in Bewegung setzte, noch ohne zu wissen, was er sagen würde?

Er sagte dann: «Das finde ich nicht. Sie hat ausgezeichnete ‹Sport›.» Er wollte also die dumme Komödie bis ins Endlose fortsetzen. Ich

Zeno Cosini, gerne besuchte. In der zweiten Etage hatte die Zweigstelle der Wiener Union-Bank ihren Sitz, in der Svevo achtzehn Jahre lang arbeitete.

geriet in Wut. «Du denkst also daran, noch einmal zu diesem Fräulein Felicita zu gehen?»

Er zögerte wieder. Sein Unterkiefer schob sich vor, wanderte nach links, dann nach rechts, ehe er wieder in die richtige Lage zurückfand. Dann sagte er, und zum erstenmal konnte er ein Lachen nicht ganz unterdrücken: «Sicher werde ich zu ihr gehen, sobald ich wieder ‹Sport› brauche.»

Auch ich lachte. Ich gab mich aber mit seinen Erklärungen immer noch nicht zufrieden. «Warum bist du dann heute gleich von ihr weggegangen?»

Er zauderte, und ich bemerkte in seinen dunklen Augen, die fest auf das Ende der Straße gerichtet waren, eine große Traurigkeit. «Ich habe meine Vorurteile. Wenn ich in irgendeiner Sache unterbrochen werde, dann sehe ich darin sogleich den Finger der Vorsehung und lasse alles bleiben. Einmal sollte ich eines wichtigen Geschäftes wegen nach Berlin fahren. Ich brach die Reise in Sesanna* ab, weil der Zug dort aus irgendwelchen mir unbekannten Gründen mehrere Stunden lang nicht weiterfahren konnte. Ich glaube, daß man nichts auf dieser Welt erzwingen darf... besonders nicht in unserem Alter.»

* Sesanna, eine kleine Ortschaft etwa 15 km von Triest entfernt.

Auch das genügte mir nicht, und ich fragte: «Hat es dir nichts ausgemacht, als du gesehen hast, daß auch ich mich bei Fräulein Felicita mit ‹Sport› eindecke?»

Er antwortete sofort und mit einer Entschiedenheit, die seinem Unterkiefer keine Zeit zum Rotieren ließ. «Was sollte mir denn das ausmachen? Eifersüchtig? Ich? Woher denn! Wir sind alt, wir zwei. Wir sind alt! Gelegentlich können wir uns die Liebe gestatten. Eifersüchtig aber dürfen wir nicht sein, wir würden sonst allzu leicht lächerlich. Nur keine Eifersucht! Wenn du auf mich hörst, dann zeige dich ja nicht eifersüchtig, man würde dich sonst auslachen.»

So, wie sie da auf dem Papier stehen, klingen diese Worte recht gutmütig, der Ton aber, in dem sie gesagt wurden, verriet eher Zorn und Verachtung. Sein dickes Gesicht war rot angelaufen, er trat an mich heran und maß mich, da er kleiner war als ich, von unten nach oben, als suche er an meinem Körper die verwundbarste Stelle. Warum war er so aufgebracht gegen mich, da er doch eben erklärt hatte, er sei nicht eifersüchtig? Was hatte ich ihm denn sonst getan? Vielleicht war er auf mich böse, weil ich seinen Zug in Sesanna aufgehalten hatte, als er nach Berlin fahren wollte.

Aber auch ich war nicht eifersüchtig. Das

heißt, ich hätte gern gewußt, wieviel er Felicita monatlich zahlte. Ich glaube, wenn ich erfahren hätte, daß er – wie es mir auch richtig erschien – mehr zahlte als ich, wäre ich ganz zufrieden gewesen.

Ich aber hatte gar keine Zeit, danach zu forschen. Misceli wurde plötzlich sehr sanft und appellierte an meine Diskretion. Seine Sanftheit wurde zur Drohung, als er mich daran erinnerte, daß wir einander ausgeliefert seien. Ich beruhigte ihn: Ich sei gleichfalls verheiratet und wisse, welche Folgen in unserem Fall ein unbedachtes Wort haben könne.

«Oh», meinte er mit einer beschwichtigenden Geste, «es ist nicht meiner Frau wegen, weshalb ich dich um Diskretion bitte. Meine Frau kümmert sich um gewisse Dinge schon seit Jahren nicht mehr. Aber ich weiß, daß auch du bei Doktor Raulli in Behandlung bist. Und der hat mir damit gedroht, sich meiner nicht mehr anzunehmen, wenn ich mich nicht an seine Vorschriften halte, wenn ich auch nur ein Glas Wein trinke, mehr als zehn Zigaretten, und zwar diese nikotinfreien, am Tage rauche und nicht auch... sonst enthaltsam bin. Er sagt, der Körper eines Mannes in unserem Alter halte sich nur deshalb im Gleichgewicht, weil er sich nicht entscheiden könne, nach welcher Seite er fallen solle. Man muß sich daher hüten, ihm diese Seite zu zeigen und ihm so die Entscheidung zu erleichtern.» Voller Selbstmitleid fuhr er fort: «Es ist im Grunde sehr leicht, einem anderen vorzuschreiben: Tu das nicht, tu jenes nicht und das dritte auch nicht. Man könnte ihm genausogut sagen, anstatt so zu leben, solle er sich lieber damit abfinden, ein paar Monate weniger zu leben.»

Er blieb noch einige Augenblicke stehen, um sich nach meiner Gesundheit zu erkundigen. Ich sagte ihm, daß mein Blutdruck einmal schon auf 240 gestiegen sei, was ihn sichtlich freute, denn er hatte es nur bis 220 gebracht. Während er einen Fuß auf die Treppe setzte, die zum Tergesteum führt, verabschiedete er sich von mir freundschaftlich mit den Worten: «Also, kein Sterbenswort – abgemacht.»

Das schöne Bild, das Raulli von dem Körper eines alten Mannes entworfen hatte, der sich nur deshalb aufrecht hält, weil er nicht weiß, nach welcher Seite er fallen soll, ließ mich tagelang nicht los. Sicherlich war für den alten Doktor die Bezeichnung «Seite» eine Umschreibung für *Organ*. Und auch der Ausdruck *Gleichgewicht* hatte zweifellos seine Bedeutung. Raulli mußte wissen, was er sagte. Bei uns alten Leuten ist unter Gesundheit eine fortschreitende und gleichmäßige Schwächung sämtlicher Organe zu verstehen. Wehe, wenn eines von ihnen im Rückstand, das heißt zu jugendlich bleibt. Ich stelle mir vor, daß dann die Zusammenarbeit der Organe in einen gegenseitigen Kampf umschlagen kann und daß die schwachen Organe niedergeboxt werden können. Welch prächtige Folgen das für den allgemeinen Körperhaushalt hat, läßt sich leicht denken. Möglicherweise hatte mir die Vorsehung, die über mein Leben wacht, diesen Misceli geschickt, um mir, und sei es durch diesen Mund mit dem wackelnden Unterkiefer, zu sagen, wie ich mich verhalten müsse.

So kehrte ich denn nachdenklich zu meinem Grammophon zurück. Auch in der «Neunten Symphonie» stieß ich auf die Organe, in Zusammenarbeit und im Kampf miteinander. Ihre Zusammenarbeit war aus den ersten Sätzen herauszuhören, besonders aus dem Scherzo, wo sogar den Pauken die Aufgabe zugewiesen ist, in zwei Noten zusammenfassend auszudrücken, was rings um sie die anderen raunen. Die Freude im letzten Satz aber schien mir wie eine Rebellion. Roh, von einer Kraft, die gewalttätig ist, aber durchzogen von leiser Wehmut und Verhaltenheit. Nicht umsonst macht sich im letzten Satz auch die menschliche Stimme geltend, dieser unvernünftigste Klang in der gesamten Natur. Es stimmt wohl, daß ich diese Symphonie früher oft anders gedeutet hatte, und zwar als die innigste Darstellung des Einklangs der widerstrebendsten Kräfte, in die schließlich auch die menschliche Stimme aufgenommen und mit ihnen verschmolzen wird. An diesem Tage aber erschien mir die Symphonie, obwohl von denselben Schallplatten wiedergegeben, so, wie ich es eben geschildert habe.

«Adieu, Felicita», murmelte ich, als die Musik erstarb. Man durfte nicht mehr an sie denken. Es lohnte nicht, ihretwegen einen plötzlichen Zusammenbruch zu riskieren. Es gibt so viele medizinische Theorien auf der Welt, daß es schwer ist, sich an eine von ihnen zu halten. Diese faulen Ärzte haben nur dazu beigetragen, das Leben schwieriger zu machen. Die einfachsten Sachen sind höchst kompliziert. Daß man sich alkoholischer Getränke enthalten soll, ist eine Vorschrift von einleuchtender Richtigkeit. Andererseits aber hat der Alkohol, wie man weiß, manchmal auch heilsame Wirkungen. Muß ich wirklich erst den Arzt abwarten, um mich durch dieses wirksame Heilmittel zu kräftigen? Zweifellos ist der Tod zuweilen das Werk einer plötzlichen Laune eines Organs, die vorübergehend sein könnte, oder eines zufälligen momentanen Zusammentreffens verschiedener Schwächen. Das heißt, es wäre momentan, wenn ihm nicht der Tod folgte. Man muß also alles tun, damit es momentan bleibt. Man muß bereit sein, sofort einzuschreiten, ja womöglich einem Krampf durch übertriebene Tätigkeit oder einem Kollaps durch Untätigkeit zuvorkommen. Wozu also erst den Arzt abwarten, der herbeieilt, um sich eine Visite bezahlen zu lassen? Ich allein kann durch eine leichte Unpäßlichkeit darauf aufmerksam gemacht werden, daß etwas unternommen werden muß. Leider haben die Ärzte nicht gelernt, was in einem solchen Fall helfen kann. Ich schlucke daher vorsorglich mehrere Medikamente. Ich spüle ein Abführmittel mit einem Glas Wein hinunter, und dann beobachte ich mich. Es kann sich ergeben, daß noch weiteres nötig ist: ein Glas Milch, aber auch ein paar Tropfen Digitalis. Jene geringfügige Menge, die von einem so hervorragenden Mann wie Hahnemann empfohlen wurde und die völlig genügt, die für die Wiederherstellung des Lebens notwendigen Reaktionen zu bewirken, so als müsse ein Organ weniger gekräftigt oder angeregt, sondern lediglich ermahnt werden. Erblickt es einen Tropfen Calcium, dann ruft es aus: «Sieh da! Das hatte ich ganz vergessen. Meine Pflicht ist es zu arbeiten.»

Damit war das Urteil über Felicita gefällt. Man konnte sie nicht dosieren.

Am Abend suchte mich Felicitas Bruder auf. Als ich ihn erblickte, fuhr ich vor Schreck zusammen, besonders weil ausgerechnet Augusta ihn in mein Arbeitszimmer geleitete. Ich hatte Angst vor dem, was er mir sagen würde, und so war ich sehr erleichtert, als Augusta sich gleich wieder zurückzog.

Er löste die Knoten eines Tuches, aus dem er ein Paket hervorholte: hundert Päckchen ‹Sport›-Zigaretten. Er teilte sie in fünf Partien zu zwanzig Päckchen, es war also leicht, die Anzahl nachzukontrollieren. Sodann zeigte er mir, daß sich jedes Päckchen beim Betasten weich anfühlte. Die Päckchen waren einzeln aus einer großen Lieferung ausgewählt worden. Er zweifelte nicht, daß ich zufrieden sein würde.

Ich war tatsächlich mehr als zufrieden, denn nach dem anfänglichen Schrecken fühlte ich mich jetzt vollkommen beruhigt. Ich bezahlte sofort die hundertsechzig Lire, die ich ihm schuldete, und dankte ihm sogar noch vergnügt. Vergnügt schon deshalb, weil mich eine richtige Lachlust befiel. Merkwürdige Frau, diese Felicita, die auch noch als sie sitzengelassen wurde die Interessen ihrer Tabaktrafik wahrnahm.

Der blasse, lange dünne Mann aber machte, nachdem er die erhaltenen Lire in die Tasche gesteckt hatte, keinerlei Anstalten, wieder zu gehen. Er kam mir irgendwie gar nicht wie Felicitas Bruder vor. Ich hatte ihn wohl schon früher ein paarmal gesehen, aber da war er besser gekleidet gewesen. Jetzt war er ohne Hemdkragen, und sein, an sich nicht übler Anzug schien völlig aus den Nähten zu gehen. Merkwürdig auch, daß er es für notwendig hielt, an Arbeitstagen einen besonderen Hut zu tragen: der, den er da hatte, war ausgesprochen schmutzig und vom langen Gebrauch völlig aus der Form geraten.

Er sah mich fest an, zögerte aber zu sprechen. Es war, als wollte sein etwas düsterer Blick, der merkwürdig funkelnd war, mich auffordern, selber zu erraten, was er mir zu sagen habe. Als er endlich zu sprechen begann, drückte sein Blick immer dringlicher eine Bitte aus, so dringlich, daß er mir geradezu drohend erschien. Dringliche Bitten grenzen ja immer an Drohung. Ich verstehe sehr gut, daß bei manchen Bauern die Bilder der Heiligen, an die sie ihre Gebete gerichtet haben, strafweise unterm Bett landen.

Schließlich erklärte er mit fester Stimme: «Felicita sagt, wir haben den zehnten des Monats.»

Ich warf einen Blick auf den Kalender, von dem ich täglich ein Blättchen abreiße, und bestätigte: «Da hat sie vollkommen recht. Es ist der zehnte. Kein Zweifel.»

«Nun», meinte er zögernd, «dann hat sie Anspruch auf das Geld für den ganzen Monat.»

Einen Augenblick bevor er das sagte, war mir bereits klargeworden, warum er mich auf das Kalenderdatum aufmerksam gemacht hatte. Ich glaube, ich wurde rot, als ich bemerkte, daß zwischen Bruder und Schwester alles klar, offen und ehrlich war, auf der Grundlage genauer Kontenführung. Das einzige, was mich überraschte, war die ausdrückliche Forderung, den ganzen Monat zu bezahlen. Ich war gar nicht sicher, ob ich überhaupt noch etwas zu zahlen hatte. In meiner Beziehung zu Felicita hatte ich nicht immer genau Buch geführt. Hatte ich denn nicht immer im voraus bezahlt, und war somit nicht auch der Monatsrest bereits beglichen? Ich war einigermaßen sprachlos, während ich diese seltsamen Augen betrachtete, um herauszubekommen, ob sie eine dringliche Bitte oder eine Drohung ausdrückten. Es ist bezeichnend gerade für einen Mann von großer und langer Erfahrung, wie ich es bin, daß er nicht gleich weiß, wie er sich benehmen soll, weil ihm bewußt ist, daß ein einziges seiner Worte, eine einzige seiner Handlungen die unvorhergesehensten Folgen haben kann. Man muß nur die Weltgeschichte lesen, um zu sehen, was für ein seltsames Verhältnis zwischen Ursache und Wirkung bestehen kann. In meiner Unschlüssigkeit zog ich auf jeden Fall die Brieftasche hervor und zählte das Geld ab, aufmerksam darauf bedacht, nicht irrtümlicherweise einen Fünfhundert-Lire-Schein statt eines Hundert-Lire-Scheins zu nehmen. Und als ich die Geldscheine gezählt hatte, überreichte ich sie ihm. So war alles bereits geschehen, während ich immer noch glaubte, ich täte nur irgend etwas, um Zeit zu gewinnen. Dabei dachte ich: Einstweilen zahle ich, dann werde ich die Sache überdenken.

Felicitas Bruder aber dachte nicht länger darüber nach; tatsächlich hörte sein Blick auf, mich zu fixieren, und verlor alle Dringlichkeit. Er steckte das Geld in eine andere Tasche als die, in welche er zuvor die hundertsechzig Lire getan hatte. Er hielt auf getrennte Rechnung und auf getrenntes Geld. Er grüßte: «Guten Abend, Signore», und ging. Gleich darauf aber kehrte er zurück, denn er hatte auf einem Sessel ein weiteres Paket Zigaretten vergessen, das ganz dem glich, das er mir gebracht hatte. Er entschuldigte sich für die nochmalige Störung: «Das sind weitere hundert Päckchen ‹Sport›, die ich zu einem anderen Herrn bringen muß.»

Sie waren sicherlich für den armen Misceli bestimmt, der diese Zigaretten gleichfalls nicht leiden konnte. Ich aber rauchte sie alle, bis auf wenige Päckchen, die ich meinem Chauffeur Fortunato schenkte. Wenn ich eine Sache bezahlt habe, dann verwende ich sie auch, früher oder später. Das ist ein Beweis für den mir eigenen Sinn für Sparsamkeit. Und jedesmal, wenn ich diesen strohigen Geschmack im Munde verspürte, mußte ich lebhaft an Felicita und ihren Bruder denken. Und je öfter ich an sie denken mußte, desto deutlicher konnte ich mich erinnern, daß ich tatsächlich den Monatsbetrag, den ich im voraus hätte erlegen sollen, nicht bezahlt hatte. Nachdem ich schon gemeint hatte, arg betrogen worden zu sein, war es für mich eine Erleichterung, als ich feststellte, daß man mich bloß für zwanzig ungenützte Tage hatte zahlen lassen.

Ich glaube, ich bin dann doch noch einmal zu Felicita gegangen, ehe die zwanzig Tage abgelaufen waren, für die ich bezahlt hatte, und zwar ausschließlich aus dem oben lobend erwähnten Sinn für Sparsamkeit, der mich auch bestimmt hatte, die ‹Sport›-Zigaretten in mich hineinzurauchen. Ich sagte mir: «Da ich schon bezahlt habe, will ich noch einmal – zum letztenmal – riskieren, meinem Organismus die Richtung zu zeigen, in die er fallen kann. Nur einmal noch! Er wird diese Chance gar nicht erkennen.»

Die Wohnungstür öffnete sich genau in dem Augenblick, in dem ich auf die Klingel drücken wollte. Überrascht erblickte ich in der Dunkelheit das schöne, blasse Gesichtchen, das von einem roten, bis über die Ohren und auf den Nacken herabreichenden Hut wie von einem Helm umschlossen war. Eine blonde Locke, eine einzige, fiel unter dem Hut auf die Stirn. Ich wußte, daß Felicita ungefähr um diese Zeit in die Trafik zu gehen pflegte, um diesen komplizierteren Sektor ihrer Geschäftstätigkeit zu überprüfen. Ich hatte jedoch gehofft, sie verleiten zu können, die kurze Zeit, die ich benötigte, damit zu warten.

Sie erkannte mich nicht gleich in der Dunkelheit. Sie nannte fragend einen Namen, der weder der meine noch der Miscelis war und den ich nicht genau verstand. Als sie mich erkannte, reichte sie mir höflich die Hand, ohne eine Spur von Groll, aber doch etwas neugierig. Ich hielt ihr kaltes Händchen mit meinen beiden Händen fest und wurde zudringlich. Sie überließ mir zwar ihre Hand, bog aber den Kopf zurück. Noch nie hatte sich der Stock, um den ihre Gestalt gebildet zu sein schien, so weit nach hinten geneigt, so weit, daß ich mich schon versucht fühlte, ihre Hand loszulassen und sie um die Taille zu fassen, und sei es nur, um sie zu stützen.

Und dieses ferne, mit jener einzigen Locke verzierte Gesicht sah mich an. Sah sie wirklich mich an? Faßte sie nicht vielmehr ein Problem ins Auge, das sie sich stellte und das sofort gelöst werden mußte, auf der Stelle, hier im Treppenhaus?

Sie zögerte lange, dann sagte sie: «Jetzt ist es unmöglich.» Sie sah mich immer noch an. Dann wich jede Unschlüssigkeit von ihr. Ihre zierliche Gestalt verharrte unbewegt in der gefährlichen Stellung, und ihr Gesichtchen blieb blaß und ernst unter der blonden Locke, doch ohne Hast, so als handle sie nach einem ernsten Entschluß, zog sie ihre kleine Hand zurück.

«Wirklich, es ist unmöglich!» sagte sie noch einmal. Diese Wiederholung sollte mich glauben machen, sie erwäge immer noch, ob es nicht doch eine Möglichkeit gebe, mich zufriedenzustellen, aber außer der Wortwiederholung gab es kein Zeichen dafür, daß sie tatsächlich überlegte und erwog. Sie hatte bereits entschieden, endgültig.

Sie meinte dann noch: «Komm, wenn du kannst, am nächsten Monatsersten... Ich will sehen... Ich will es noch überlegen.»

Erst seit kurzem, erst seitdem ich diese Geschichte meiner Liebschaft mit Felicita niedergeschrieben habe, bin ich objektiv genug, um mich und sie mit der nötigen Unvoreingenommenheit beurteilen zu können. Ich war gekommen, um mein Recht auf die paar restlichen Tage meines Abonnements geltend zu machen. Sie hingegen teilte mir mit, daß ich mich durch meinen Verzicht dieses Rechts begeben hatte. Ich glaube, wenn sie mir vorgeschlagen hätte, sofort ein neues Abonnement zu bezahlen, ich hätte weniger gelitten. Ich bin auch sicher, daß ich mich nicht gedrückt hätte. In diesem Augenblick hatte ich mich auf den Pfad der Liebe begeben, und gerade in meinem Alter verhält man sich leicht wie ein Krokodil auf dem Festland, von dem es heißt, es brauche sehr lange, um seine Richtung zu ändern. Ich hätte sofort für einen ganzen Monat bezahlt, selbst mit dem Vorsatz, es zum letztenmal zu tun.

So aber war ich empört. Ich fand keine Worte. Mir blieb geradezu die Luft weg. Ich sagte: «Uff», voller Empörung. Ich dachte, damit etwas gesagt zu haben, ich blieb sogar einen Augenblick stehen, als erwartete ich, daß sie auf mein «Uff», diesen Aufschrei, der sie verletzen und zugleich meiner tiefen Enttäuschung Ausdruck geben sollte, irgend etwas antworten würde. Aber weder sie noch ich sagten noch etwas. Ich begann die Stiegen hinunterzugehen. Nach ein paar Stufen blieb ich stehen und wandte mich zurück, um nach ihr zu sehen. Vielleicht lag jetzt in ihrem blassen Gesicht irgendein Zug, der soviel harten Egoismus, soviel kalte Berechnung Lügen strafte. Ich konnte ihr Gesicht nicht sehen. Sie war jetzt ganz damit beschäftigt, den Schlüssel in das Türschloß zu stekken und ihre Wohnung abzusperren, die ein paar Stunden leer bleiben würde. Ich sagte noch einmal: «Uff», aber es klang nicht mehr laut genug, um von ihr gehört zu werden. Ich sagte es der ganzen Welt, unserer Gesellschaft, unseren Institutionen und Mutter Natur, die es alle miteinander zugelassen hatten, daß ich mich auf dieser Treppe und in einer solchen Situation befand.

Es war mein letztes Liebesverhältnis. Jetzt, da sich dieses ganze Abenteuer in die Regeln der Vergangenheit eingeordnet hat, finde ich es nicht mehr ganz so unwürdig, als daß ich dieser Felicita mit den blonden Haaren, dem blassen Gesicht, dem schmalen Näschen, den geheimnisvollen Augen, mit ihrer Wortkargheit, die nur selten verriet, wie kalt ihr Herz war, nicht nachtrauern dürfte. Nach ihr aber war kein Platz mehr für neue Lieben. Sie hatte mich erzogen. Bis dahin hatte ich, wenn der Zufall es mir erlaubte, länger als zehn Minuten neben einer Frau zu weilen, Hoffnung und Begehren in meinem Herzen aufsteigen gefühlt. Ich bemühte mich zwar, beides zu verbergen, aber der gleichzeitige Wunsch, beides zu steigern, um das Leben und meine Zugehörigkeit zu ihm intensiver zu spüren, war doch noch stärker. Und um beides zu steigern, gab es kein anderes Mittel, als beides in Worte zu kleiden und damit zu enthüllen. Wer weiß, wie oft man über mich gelacht hat? Zur Greisenlaufbahn aber, zu der ich nun verurteilt bin, hat mich Felicita erzogen. Jetzt erst weiß ich, daß ich in der Liebe soviel wert bin, wie ich bezahle.

Auch meine Häßlichkeit ist mir stets gegenwärtig. Erst heute morgen untersuchte ich beim Erwachen die Stellung, in der sich mein Mund in dem Augenblick befand, als ich die Augen öffnete. Der Unterkiefer hing nach jener Seite, auf der ich gelegen hatte, auch meine dicke, schlaffe Zunge war nicht am richtigen Platz.

Ich dachte sofort an Felicita, an die ich so oft mit Verlangen und Haß zurückdenken muß. Nun aber murmelte ich: «Es stimmt schon.»

«Was stimmt?» fragte Augusta, die sich gerade ankleidete.

Ich antwortete sofort: «Was ein gewisser Misceli sagt, den ich gestern traf und der meinte, es sei unverständlich, wozu man auf die Welt kommt, lebt und alt wird.»

Damit hatte ich ihr alles gesagt, ohne mich zu verraten.

Niemand trat bisher an Felicitas Stelle. Nichtsdestoweniger versuche ich Mutter Natur zu betrügen, die mich beobachtet, um mich sogleich aus der Welt zu schaffen, wenn sie bemerken sollte, daß ich zur Fortpflanzung nicht mehr befähigt bin. In weiser Dosierung, genau in der von Hahnemann vorgeschriebenen Menge, nehme ich täglich meine diesbezügliche Medizin: Ich betrachte die Frauen, die vorübergehen, ich verfolge ihre Schritte und versuche, in ihren Beinen mehr als ein Instrument zur Fortbewegung zu sehen und den Wunsch zu empfinden, sie anzuhalten und zu streicheln. Allerdings ist die Dosis dann manchmal noch sparsamer, als ich und Hahnemann es wünschen. Ich muß nämlich meine Augen überwachen, damit sie nicht verraten, was sie suchen, und da ist es nur begreiflich, daß die Medizin selten nützt. Man kann zwar, ohne Liebkosungen zu empfangen, das eigene Gefühl voll entfalten, aber man kann nicht ohne Gefahr, das eigene Gefühlsleben zum Erkalten zu bringen, absolute Gleichgültigkeit vortäuschen. Nun, da ich dies niedergeschrieben habe, begreife ich auch besser mein Abenteuer mit der alten Dondi. Ich grüßte sie, um ihr eine Liebenswürdigkeit zu erweisen und ihre Schönheit besser empfinden zu können. Es ist das Schicksal alter Menschen, sich auf einen schönen Gruß beschränken zu müssen.

Man darf nicht glauben, daß derlei flüchtige Beziehungen, die nur dem Zwecke dienen, sich vor dem Tode zu retten, keine Spuren hinterlassen, nicht geeignet seien, das eigene Leben zu verschönen oder zu trüben, ganz so, wie es in meinen Beziehungen zu Carla oder zu Felicita der Fall war. Zuweilen – wenngleich selten – machen sie einen so starken Eindruck, daß sie eine unauslöschliche Erinnerung hinterlassen. Ich erinnere mich eines jungen Mädchens, das in der Straßenbahn mir gegenübersaß. Eine Erinnerung, die haftenblieb. Es kam zwischen uns zu einer gewissen Vertraulichkeit, denn ich gab ihr einen Namen: Amphora. Das Gesicht war nicht besonders schön, aber ihre fast kugelrunden, leuchtenden Augen betrachteten alles mit der größten Neugier und einer etwas kindlichen Verschmitztheit. Sie wird vielleicht schon über zwanzig gewesen sein, aber ich hätte mich nicht gewundert, wenn sie aus Übermut verstohlen an den dünnen Zöpfen des kleinen Mädchens gezogen hätte, das zufällig neben ihr saß. Ich weiß nicht, ob ihre an sich doch zierliche Büste wegen ihrer von Natur aus ungewöhnlichen Form oder wegen der, die das Kleid ihr gab, einer eleganten, an den Brunnenrand gelehnten Amphora glich. Ich bewunderte diese Büste sehr, und um Mutter Natur, die mich beobachtete, zu betrügen, dachte ich bei mir: Ich bin sicherlich noch nicht zum Tode bestimmt, denn wenn dieses Mädchen es wollte, wäre ich immer noch zur Fortpflanzung fähig.

Mein Gesicht muß, während ich diese Amphora betrachtete, einen merkwürdigen Ausdruck angenommen haben. Daß es der Ausdruck eines Fauns war, schließe ich aber aus, denn ich dachte an den Tod. Andere jedoch lasen von meinem Ausdruck das Begehren ab. Wie ich später bemerkte, war das Mädchen, das aus wohlhabender Familie sein mußte, in Begleitung eines kleinen alten Weibes, der Magd, die mit dem Mädchen zugleich die Straßenbahn verließ. Und dieses alte Weib blickte mich an, als es an mir vorbeiging, und murmelte mir zu: «Alter Faun.» Sie nannte mich alt. Sie rief den Tod herbei. Ich sagte zu ihr: «Alte Idiotin.» Sie aber entfernte sich, ohne mir zu antworten.

DIE ZUKUNFT DER ERINNERUNGEN

Ein Land, weit weg von Italien und von Triest. Besser als an das Land selbst erinnerte sich Roberto an die Krise, die ihn dorthin gebracht hatte, nämlich an die endlose Reise. Verona! Ein Hotelbus mit großen Fenstern und auch zwei verzierten Spiegeln, die klingelten, während das Fahrzeug über das Steinpflaster holperte. Er erinnerte sich an die Ankunft und an die Abfahrt, nicht an den Aufenthalt – wahrscheinlich schlief er in der Nacht tief, nach dem Tag auf der Bahn. Dann erinnerte er sich noch an den Brenner und an einen Engländer, der ihm, dem Kind, in miserablem Italienisch erklärt hatte, daß man den Gipfel des Gebirges zu Fuß schneller erreichen könnte als mit der Bahn, die sich in langen Schleifen hinaufwand. Danach kam Innsbruck und der Schnee, nichts als Schnee, und nicht *eine* Kontur eines Hauses. Die Nacht, die sie in Innsbruck verbracht hatten, existierte ebensowenig wie die Nacht in Verona.

Gewiß mußte sich nach Innsbruck, viele Stunden nach der Abfahrt, eine Szene ereignet haben, die der alte Mann in seinem Gedächtnis wiederfand: Er war in heftiges Weinen ausgebrochen, und Vater und Mutter wollten ihn beruhigen, besänftigen. Ein großer Schmerz, die Entdekkung der eigenen Unterlegenheit. Der Vater, der sich anschickte, die beiden Kinder im Internat allein zu lassen, wollte sofort damit beginnen, ihr Leben zu regeln. Armando, der dreizehn Jahre alt war, hätte die Aufsicht über Roberto übernehmen sollen, der erst elfeinhalb war. Bis dahin war dies allerdings nicht der Fall gewesen, und daher rührten die Verblüffung und der Schmerz Robertos. Denn Roberto war sehr ungestüm, und eigentlich hatte sich Armando eher von Roberto kommandieren lassen. Sie wurden gerade deshalb ins Internat geschickt, damit Roberto gezähmt würde, der sich, kaum hatte er die Nase zum Nest hinausgesteckt, als zu stark erwies für die schwache Mutter (vielleicht war sie schon damals krank?) und den Vater, der den ganzen Tag in seinem Büro beschäftigt war. Das kleine Männchen hatte rasch Gesellschaft gefunden, die nicht zu ihm paßte. Der Vater und die Mutter wußten nicht, was er in den langen Stunden trieb, die er weder zu Hause noch in der Schule war. Sie wußten, daß er sich seiner neuen Kleider schämte und sein Bestes tat, um sie sofort zu ruinieren, daß er rauchte und eine Menge häßlicher Wörter wußte. Er suchte sie sich auch aus Büchern zusammen und kannte alle schmutzigen Wörter aus der ‹*Göttlichen Komödie*›, und nur die.

Die Mutter versuchte, den ungeheuren Schmerz zu besänftigen, und auch der Vater. Ihnen stand eine lange, große Trennung bevor, und sie hätten gern gewollt, daß der Abschied nicht allzu schwer fiele.

Kufstein! Ein langer Aufenthalt auf einem Bahnhof* mit vielen Bahnsteigen; sie standen im Freien neben den Gepäckstücken, die am Boden abgestellt waren. Es ist kalt, obwohl es Juni ist. Gott weiß, wieviel Uhr es ist. Es ist nutzlos, danach forschen zu wollen, denn die ferne Erinnerung kennt nicht solche Genauigkeit. Morgengrauen oder Sonnenuntergang oder vielleicht der Mittag eines Tages, der ganz im Halbschatten liegt. Wer weiß? Vielleicht war die Sonne jenes Tages durch die große zeitliche Entfernung verblaßt.

Seltsam! Der Aufenthalt auf jenem Bahnsteig, in der Erinnerung mit keinem Wort, mit keinem denkwürdigen Ereignis verknüpft, war nicht vergessen. Es kann jedoch sein, daß Roberto spürte, daß er die Alpen überquert hatte und sich jenseits der Mauer befand, die sein Vater-

* Das Wort «Bahnhof» fehlt im Manuskript.

land umschloß. Er wußte auch, in welcher Richtung die Reise fortgesetzt würde: zu jener weiten, endlosen Ebene hin, auf der er einige regelmäßige Hügel sich erheben sah, wie auf einem naiven Bild, doch vielleicht war auch dies vom unvollkommenen Gedächtnis vereinfacht worden, das die Einzelheiten, das ganze Gebirge, die Wälder, Straßen und Häuser nicht festgehalten hatte. Die Landschaft mußte noch immer unverändert sein. Der Alte nahm sich vor, diesen Ort noch einmal zu besuchen, wenn er wieder ganz gesund wäre. Seltsam, daß er zum erstenmal diesen Wunsch spürte. Wie das Gedächtnis arbeitet, wenn man sich ihm widmet! Es ist eine aktive Kraft und gibt nicht viel her, wenn man es nicht in Anspruch nimmt.

Würzburg! Eine saubere, vornehme, wenig bevölkerte Stadt. Studenten mit blauen Mützen. Die kleine Familie besuchte einen riesigen Palast, der Bilder italienischer Maler enthielt. Roberto erinnerte sich an ein Zimmer, in dem das Echo den Ton, der es hervorrief, vervielfacht wiedergab. Wenn man ein Stück Papier zerriß, so klang es wie eine Trompete.

In Würzburg ereignete sich jedoch auch das Abenteuer, das die kleine Familie in Aufruhr versetzte. Der Vater wollte im Hotel mit Geldscheinen der Banca Triestina bezahlen, die seit alters das Recht hatte, eigene Banknoten auszugeben. Der Hotelbesitzer stieg von einer Art Thron herunter, der sich hinter einer hölzernen Balustrade befand, entsetzt darüber, daß man ihm so etwas als Bezahlung andrehen wollte, und kam hervor, um den Gast zu überwachen. Er brüllte, brüllte regelrecht, und so mußte Robertos Vater eine Bank aufsuchen, um seine Geldscheine gegen gängige Münze einzutauschen, und inzwischen die Familie und das Gepäck als Pfand zurücklassen.

Roberto war nicht erschrocken. Er erinnerte sich an nichts, was einem Schrecken geglichen hätte. Das Leben war für ihn immer in so sicheren Bahnen verlaufen, daß er nicht merkte, daß das Geld dabei wichtig sein konnte. Das Leben war für ihn ein Recht, und er verstand nicht, warum die Sache von Bedeutung sein sollte. Die Mutter jedoch, die kein Deutsch verstand, war erschrocken. Sie hatte den Schleier gelüftet, um sich die Tränen abzutrocknen, die ihre Wangen benetzten. Die Tränen flossen ungehindert, da die lange Reise, die bevorstehende Trennung von ihren kleinen Söhnen und die Sorge um den Gesundheitszustand ihres dritten Buben, der etwas kränkelnd zu Hause geblieben war, sie nervös gemacht hatten. Seit der Abreise hatten sie keine Nachricht von Triest erhalten.

Der Vater kehrte etwas entspannter zurück. Er hatte die Taschen voller großer silberner Geldstücke. Er beklagte sich über den Kurs, zu dem man ihm gewechselt hatte, und machte sich auf italienisch gegenüber seiner Frau Luft, während er bezahlte: «Was für ein Land von Spitzbuben!» Und dann: «So etwas Ignorantes! Sie kennen die Banknoten der Banca Triestina nicht!» Es war das erste Mal, daß Roberto ihn etwas gegen Deutschland sagen hörte. Der Vater bewunderte dieses Land so sehr, daß er frohgemut die eigenen Kinder dorthin brachte, um sie dort erziehen zu lassen. Aber wenn die eigenen Interessen berührt werden, ändert die Welt oft ihr Aussehen.

Anschließend fuhren sie eine Dreiviertelstunde mit dem Zug. An diesem Punkt mußte der Alte sich keine Mühe geben, um sich an jene Strecke zu erinnern, die er später so oft zurückgelegt hatte. Der Zug fuhr über einen Damm, der auf halber Höhe des Hügels auf der linken Mainseite gebaut worden war. Auf der anderen Seite des Flusses waren Hügel, die den anderen ähnelten, fast so, als würden sie in einem Spiegel reflektiert. Doch endeten einige der höchsten Kuppen im dichten braunen Unterholz des Waldes. Später erfuhr Roberto, daß, was er für Hügel gehalten hatte, die manchmal fast bis zum

Fluß reichten, sich dann wieder einige Meilen entfernten, nichts anderes war als die launischen Ausläufer einer einzigen Hochebene. Spät, sehr spät begriff er, daß der Fluß den Boden ausgehöhlt und sich sein Tal geschaffen hatte, ein geduldiges Werk, das Jahrhunderte gedauert hatte. Und der Alte lächelte über sich selbst, während er sich erinnerte: Jeder Mensch ist blind gegenüber einem Teil der Welt. Es war schon viele Jahre her, seit Roberto das Dorf verlassen hatte, in dem er mehr als sechs Jahre gelebt hatte, als er erkannte, wie jenes Tal beschaffen war, in dem er zum Gefühl und zur Vernunft erwacht war. Genaue Beobachtung war nie seine Stärke gewesen. Wahrscheinlich hatte er auf dieselbe Weise die Menschen verstanden, mit denen er zu tun gehabt hatte. Wenn man jemanden verstehen will, ist es sehr wichtig, ihn in den Winkel zu versetzen, aus dem er gekommen ist, und Roberto wäre in diesem Maintal mit offeneren Augen umhergewandert, wenn er nicht immer einen Hügel vom anderen unterschieden und sie statt dessen als eine einzige Hochfläche gesehen hätte. Einzelne Hügel hatten sich plötzlich völlig voneinander abgehoben, denn manchmal hatte der Junge ins Tal hinabsteigen müssen, um vom einen zum anderen zu gelangen, da er nicht die Erfahrung gemacht hatte, daß er, hätte er einen größeren Bogen geschlagen, immer auf derselben Höhe hätte bleiben können, um auf eine andere Kuppe zu kommen. Und die Blindheit dauerte an, was den Ursprung der Dinge betraf. Wenn der Knabe gewußt hätte, daß der Fluß, der klein und unbedeutend war im Vergleich zu dem manchmal sehr ausgedehnten Tal, durch das er sich schlängelte, dieses Tal selbst geebnet oder geglättet hatte, dann hätte sich das Aussehen der ganzen Gegend verändert. Dort, wo das Tal breiter wurde, hatten sich Dörfer und Städtchen eingenistet, und dem naiven Auge des Kindes erschien es, als habe die emsige Bevölkerung den Hügel ausgehöhlt, um dann ihre Häuser zu seinen Füßen anzulehnen.

Sie stiegen auf einem kleinen Bahnhof aus, der ganz überwuchert war von grünen Kletterpflanzen. Herr Beer, der Direktor des Internats, erwartete sie am Bahnhof. Robertos Vater begrüßte ihn überschwenglich. Herr Beer war in Triest gewesen, um die Familie zu besuchen, die ihm zwei Schüler schickte. Auf Robertos Vater hatte er den Eindruck eines sehr gescheiten und gebildeten Mannes gemacht. Herr Dento war rasch in seinem Urteil über Dinge und Personen, änderte aber nur sehr langsam seine Meinung. Wenn er einmal seine Meinung gesagt hatte, dann lebte er damit so hartnäckig wie einer, der sich sein Haus mit eigenen Händen gebaut hat. Die Dinge änderten sich, die Person, die er liebte, wurde suspekt, und er fand alle möglichen Argumente, um sie zu verteidigen und zu erklären. Wenn er dann schließlich die Schläge spürte, die der Verräter ihm versetzte, dann erst empörte er sich über die Verruchtheit der menschlichen Natur – nur, um dann zu sagen, daß die Person, die er geliebt hatte, immer noch besser sei als alle anderen.

Herr Beer, ein Mann von ungefähr vierzig Jahren, trug immer einen langen schwarzen Bratenrock. Ein blondes Kinnbärtchen umrahmte sein ziemlich hölzernes Gesicht mit der feinen Nase; die Wangen waren glatt und nicht sehr frisch, das ganze völlig regelmäßige und farblose Gesicht schien mit Schreinerwerkzeugen geschnitzt worden zu sein. Er hatte lockiges, üppiges Haar, das dunkler war als das Bärtchen und der Schnurrbart.

Dann stieg man auf einem steilen Weg ins unten liegende Städtchen hinab, eine jener Kleinstädte, die vielleicht früher eine gewisse Bedeutung gehabt hatten, was sich an ein paar kleinen Barockpalästen ablesen ließ; die großen Fenster des obersten Stockwerks waren mit Holzintarsien geschmückt, der unterste Stock und der dritte hatten kleine, quadratische Fenster mit nur einer Scheibe.

An all dies erinnerte sich der Alte, da er es später so oft gesehen hatte. An jene Ankunft, an jene ganze Stunde erinnerte er sich nicht mehr, weder an Herrn Beer noch an die Reisegefährten, noch an irgendeine ihrer Gesten, an ein Kleidungsstück oder an ein Wort. Der steile Weg, das Städtchen, der Fluß gehörten nicht zu jener Stunde. Ganz deutlich erinnerte er sich nur an den Dienstmann des Internats, einen großen, leicht hinkenden Burschen, der einige Tage danach den Ort verlassen mußte, ohne daß Roberto ihn wiedersah. Glücklich ist die Stunde, die durch irgendeine Einzelheit identifiziert werden kann, auch wenn sie ganz ohne Bedeutung ist. Während der Hinkende die vielen Gepäckstücke den steilen Weg hinunterschleppte, hörte man seinen keuchenden Atem. Vielleicht bemerkte man ihn und erinnerte sich an ihn aus diesem Grund.

Am Fluß bestiegen alle einen langen, hochbordigen Kahn, der mit Hilfe eines langen Stekkens, der gegen den nicht sehr tiefen Grund gestemmt wurde, fortbewegt und gesteuert wurde, und sie landeten auf einer riesigen, sandigen Halbinsel, die vielleicht einen halben Kilometer in den Fluß hineinragte. Sie stiegen aus und gelangten auf Brettern, die am Ufer ausgelegt waren, zu einem auf dem Sand errichteten steinernen Landeplatz, und so kamen sie vors Dorf.

Dorthin hatte sich der Alte in Begleitung der Frau und der Tochter vor zehn oder zwölf Jahren wieder begeben, um die Erinnerungen aufzufrischen. Er hatte so große Veränderungen vorgefunden, daß nun die Anstrengung, sich zu erinnern, größer geworden war. Jedenfalls erschien ihm das ganze Dorf kleiner, armseliger, schmutziger. Das Internat war nicht mehrt dort, nur noch Unrat. Aber auch die Landschaft selbst hatte sich verändert, denn die Hügel auf der rechten Seite des Flusses hatten ihre Baumbekrönung verloren, die von unten aus zu sehen gewesen war, und sogar das Flußbett, das zwischen großen Kanälen verlaufen war, die das einzige Mittel waren, um Überschwemmungen einzudämmen und das Sinken des Wasserspiegels zu verlangsamen, war nun tiefer gegraben worden, und die Kanäle hatte man trockengelegt und bepflanzt. Selbst das Fährschiff war verschwunden und durch eine steinerne Brücke ersetzt worden, für deren Benutzung man eine geringe Gebühr zahlen mußte – eine große Brücke, die sich majestätisch über dem Wasser erhebt, da sie von einem hochgelegenen Punkt des Städtchens ausgeht und das Dorf direkt oberhalb der Sandbank und auch oberhalb der bereits höher gelegenen, mit roten Rüben bepflanzten Felder erreicht. Auf dem Fluß selbst fahren mittlerweile wendige kleine Dampfer an Stelle einer bestimmten Art schlanker, mit Sand beladener Kähne oder von Flößen, die einen Kilometer lang waren und aus dem Holz bestanden, das zwei oder drei Männer vom Schwarzwald bis nach Belgien steuerten.

Danach mußte man sich nach rechts wenden, um ins Dorf zu gelangen: auf einer Art Pfad, der zwischen armseligen Häusern verlief, die hier und da abseits des Pfades lagen, der sich dann zu kleinen, nicht gepflasterten Plätzen erweiterte, die dort, wo die Wagenräder sie nicht durchfurcht hatten, von Gras bedeckt waren. Einige dieser Hütten wandten der Straße eine von Treppen durchsetzte Vorderseite und einen hölzernen Balkon zu, den die Zeit und die Unbilden der Witterung hatten dunkeln lassen. Auch damals noch roch es auf diesem Weg stark nach Dung.

So betraten sie die Hauptstraße von der kleinen gotischen Kirche her. Diese erhob sich inmitten einer sauberen grünen Wiese, die ein paar Eichen und zwei Kastanienbäume zierten, die damals in Blüte standen. Die Häuser an der ziemlich breiten, nicht sehr langen Hauptstraße, die auch am anderen Ende von Häusern begrenzt wurde, so daß eine Art gepflasterter Platz entstand, waren schöner und sauberer als die anderen, einige verschönert durch ihren Sockel und dessen Abschluß, andere durch ein etwas kokett vorspringendes steiles Dach.

Frau Beer kam aus dem Haus, um die Reisenden zu begrüßen. Sie war eine schöne, elegante Dame, hochgewachsen, dunkel, mit großen, ausdrucksvollen Augen, einem klaren Profil und einer Adlernase.

Der Alte auf dem Balkon von Opicina seufzte. War es wirklich an jenem Tag gewesen, als sie aus dem Haus gekommen war, so, wie er sich an sie erinnerte, mit einem fröhlichen Lachen auf den Lippen, die großen schwarzen Augen während der Begrüßung aufmerksam auf sie gerichtet, mit ihrem raschen Gang, die ganze schöne Gestalt in einem ebenmäßigen Schwung wiegend, der an die Bewegung einer Tänzerin erinnerte? War es nun damals oder später, sie war jedenfalls in jenem Augenblick anbetungswürdig gewesen. Als er mit achtzehn Jahren für immer von ihr wegging, war sie, obwohl etwas dikker geworden, noch immer schön gewesen. Und doch hatte sie für ihn nie schön ausgesehen. Seine erregbaren jugendlichen Sinne hatten in einer ganz anderen Richtung gesucht. Warum?

Der Alte suchte vergebens nach einem Grund und zog den Schluß: Die Menschen können nicht alles sehen; bestimmten Dingen sind ihre Augen verschlossen. Nur die Zukunft konnte ihn besser belehren. Natürlich die Zukunft der Erinnerungen! Er mußte lernen, daß die Arbeit des Gedächtnisses sich ebenso in der Zeit bewegen kann wie die Ereignisse selbst. Dies mußte eine wichtige, wenn auch nicht die wichtigste Erfahrung sein, zu der ihm jene köstliche Arbeit verhalf, der er gerade nachging. Er erlebte wirklich die Dinge und die Personen noch einmal.

Sein Wunsch hätte ihn dazu gebracht, nicht so weit zurückliegende Zeiten zu suchen, in denen er die Kontinuität, das Licht, die Luft, das Wort jedes einzelnen Augenblicks entdeckt hätte. Aber er wollte nicht! Es galt, weiterhin nach jenen wenigen kleinen Inseln zu suchen, die in jenem Meer auftauchten, und sie so aufmerksam wie möglich zu betrachten, um irgendeine Verbindung zwischen der einen und der anderen wiederzufinden.

Hier war eine dieser Inseln: erfüllt von Licht und von Schmerz, und wirklich so gekennzeichnet, daß man sie ganz und in ihrem eigenen Raum sehen konnte.

Herr Beer bewies an jenem Tag sein politisches Geschick. Nach dem Essen trennten sich

Vater und Mutter von den beiden Knaben, die Mutter in Tränen aufgelöst, so daß der Vater mehr damit beschäftigt war, ihr Trost zuzusprechen, als sich von den Söhnen zu verabschieden. Auch die zwei Knaben zeigten sich sehr erregt, und da griff Herr Beer ein und sprach mit dem Vater. Dieser nickte heftig, als sei ihm ein sehr geeigneter Vorschlag gemacht worden, und erklärte gleich darauf den Kindern, wenn sie sofort aufbrechen würden, könnten sie bis zu einer Stelle kommen, von der aus sie die Gelegenheit hätten, die Eltern noch ein letztes Mal zu sehen.

Also faßten sich die beiden Knaben an der Hand und folgten Herrn Beer in seinem ewigen Überzieher. Sie verließen die Eltern, doch bereiteten sie sich sogleich darauf vor, sie noch einmal zu treffen.

Herr Beer richtete von Zeit zu Zeit einige Worte an sie, die sie nicht verstanden, und vertrauensvoll folgten sie ihm weiter. Sie gingen auf einem Weg, von dem aus sie den Fluß nicht sahen, der weit weg war, sondern nur das dichte, üppige Gebüsch und das Schilfrohr an seinen Ufern. Bald schien Herr Beer, der ihnen nun vorausging, tief in Gedanken versunken, und mit langsamen Schritten ging er ein Stückchen vor den beiden Kindern her, die ihm Hand in Hand folgten. Was war das für eine Bahnlinie, daß man mit einem solchen Tempo den Zug einholen konnte, der kurz zuvor abgefahren war? Die Ungeduld beschleunigte die Schritte der beiden Knaben und veranlaßte Armando, schneller zu gehen, wobei er kürzere Schritte machte, um nicht gegen Herrn Beer zu stoßen, der vorausging. Roberto machte es ihm nach. Und etwas passierte, was die beiden Knaben in Erstaunen versetzte. Das Tempo Armandos beeinflußte Herrn Beer, der seinen Schritt beschleunigte, ohne es zu merken. Der Träumer ging voraus, ohne sich umzuwenden.

Armando lachte, Roberto nicht, der sehnsüchtig erwartete, seine Eltern wiederzusehen. Er hoffte in seinem kindlichen Gemüt, sich wieder an die Mutter klammern zu können, für immer. Warum mußte die angedrohte Trennung überhaupt stattfinden?

Herr Beer näherte sich wieder den Kindern und brachte sie auf einen Weg, der sich vom Fluß entfernte und auf den Hügel zuging. Zu dessen Füßen führte der leicht ansteigende Weg zum Dorf. Dann blieb Herr Beer in Person und in Gedanken bei den Kindern und ermunterte sie hin und wieder mit einem Wort, das französisch sein mußte und das sie nicht verstanden.

An jener Stelle ging das Dorf allmählich in die Felder über, die Häuser waren höher und größer und ohne jeglichen Schmuck, unten in Stein gemauert, oben mit Brettern gezimmert, und hatten steile, mit neuen Ziegeln gedeckte Dächer.

Und so langten sie wieder bei dem Bauernhaus an, von dem aus sie aufgebrochen waren. Robertos Herz schlug rasch. Armando war tief betrübt, und sofort standen ihm Tränen in den Augen, aber er schien schon bereit, sich mit seinem Los abzufinden, und blieb an der Tür stehen. Roberto jedoch, der sofort begriff, wie Armando den Streich auffaßte, den man ihnen gespielt hatte, begann die Treppe hinaufzurennen, bevor ihn irgend jemand daran hindern konnte. Wohin ging er? In das Eßzimmer, in dem sie sich kurz zuvor von den Eltern verabschiedet hatten, oder in das Schlafzimmer, in dem die Eltern geschlafen hatten?

MEUCHLINGS

Herr Maier ging zu Herrn Reveni, ohne noch recht zu wissen, ob er bei ihm Trost oder Hilfe suchen sollte. Die beiden verband eine lebenslange Freundschaft. Beide hatten sich zur gleichen Zeit aus dem Nichts ein riesiges Vermögen geschaffen, sie hatten von früh bis spät gearbeitet, aber jeder in einer anderen Branche, so daß sie nie zu Konkurrenten wurden, und obwohl es zwischen ihnen auch nie eine Zusammenarbeit gegeben hatte, hielt die in jungen Jahren geschlossene Freundschaft bis ins späte Alter unverändert an. Unverändert, aber nicht sehr rege. Ihre Ehefrauen sahen sich nie. Sie selbst sahen sich täglich eine Viertelstunde lang auf der Börse. Nunmehr hatten beide das sechzigste Lebensjahr überschritten.

Maier hatte sich nach einer schlaflos verbrachten Nacht entschlossen, seinem alten Freund zu schreiben und ihn um eine Unterredung zu bitten. Und während er zu ihm ging, hatte er einen ungefähren Vorschlag im Kopf, wie der alte Freund eine Hilfe für ihn organisieren könnte. Er wollte den Vorschlag so vorbringen, daß er völlig risikolos erschien. Hilfe aber, so fand er, stand ihm zu. So viele Jahre ehrlicher und erfolgreicher Arbeit waren durch einen einzigen Augenblick der Unbedachtheit zunichte geworden! Das war nicht zulässig. Um sein Tätigkeitsfeld zu erweitern, hatte sich der alte Geschäftsmann dazu verleiten lassen, einen Vertrag zu unterzeichnen, der ihn dritten Personen auslieferte, und die waren, nach Ausschöpfung des ganzen Kredits, den seine Unterschrift ihnen verschafft hatte, aus Triest regelrecht geflüchtet, ohne mehr zu hinterlassen als ein paar wertlose Möbelstücke. Maier war entschlossen gewesen, allen Verpflichtungen nachzukommen, wie es seine Ehre gebot. Jetzt aber hielt er es für ungerecht, all diese Verpflichtungen, die nicht die seinen waren, auf sich nehmen zu müssen. Wenn sich Reveni, ein bekannt guter Mensch, bereitfand, wenigstens vorübergehend einen Teil zu übernehmen, würde dies sein Los erleichtern. Maier konnte sich nicht erinnern, ähnliche Vorschläge je zurückgewiesen zu haben. Er erinnerte sich vielmehr (mit aller Deutlichkeit), auch jenen Vertrag (so schien es ihm) als Beweis seines Vertrauens in die Menschheit unterzeichnet zu haben. Daran aber, daß sein erster Gedanke dem Wunsch entsprungen war, sein Vermögen zu vergrößern, erinnerte er sich nicht mehr.

Wenn ihm das Schicksal günstig war, dann

würde ihm Reveni bestimmt von sich aus Hilfe anbieten, ohne darum gebeten zu werden. Das erwartete er vom Schicksal. Dann erst wollte er mit seinem Plan herausrücken, wie die Hilfe durchzuführen wäre, ein für Reveni akzeptables Projekt, falls der innerlich bereit war, das Risiko auf sich zu nehmen. Nach Ansicht Maiers gab es freilich kein Risiko. Alles in allem verlangte er nichts als einen langfristigen Kredit und er wußte, daß er ihn verdiente. Wenngleich schon betagt, war er doch immer noch arbeitsam, und wenn er sich dieses eine Mal auch hatte betrügen lassen, so konnte er dafür Hunderte anderer Fälle anführen, in denen er auf keinerlei Betrug hereingefallen war. Was ihn betraf, gab es also kein Risiko.

Er stieg die Treppen im Hause Reveni hinauf. Es lag im Zentrum der Stadt, und von dem Augenblick an, da der Diener ihm die Tür geöffnet hatte, empfand er nichts als Neid. In diesem Augenblick hatte zwar auch er noch Gobelins im geräumigen und reich ausgestatteten Vorzimmer und einen ebensolchen dicht mit Teppichen belegten kleinen Salon wie der, in dem Reveni und dessen Gattin ihn jetzt zum Kaffee empfingen. Aber nicht mehr für lange Zeit. Seine Frau, die Ärmste, war bereits auf der Suche nach einer viel kleineren und viel bescheideneren Wohnung. Hier strahlte alles noch die Solidität und die Sicherheit eines Hauses aus, das schon seit langer Zeit bestand und noch lange Zeit bestehen würde. Bei ihm hingegen schien alles im Begriff zu sein, sich zu verflüchtigen. Alles, außer dem Schmuck seiner Frau, befand sich zwar noch an seinem Platz, aber es war, als schickten sich alle Gegenstände an, davonzulaufen.

Reveni war dicker als er, sein Haar war weißer, obwohl sie beide gleichaltrig waren. Wie er ihm so gegenübersaß, in dem großen Armsessel, während er, Maier, schüchtern nur auf dem Rand eines ebenso großen Armsessels Platz genommen hatte, erschien ihm dieser Mensch, der Vermögen auf Vermögen gehäuft und sich niemals hatte verleiten lassen, einen ruinösen Vertrag zu unterschreiben, geradezu furchterregend.

Frau Reveni servierte den Kaffee. Sie war eine Dame, die sich auch zu Hause mit einem gewissen Luxus kleidete; sie trug ein über und über mit Spitzen besetztes Vormittagskleid, und es wäre reizend gewesen, hätte es eine schönere und jüngere Person umhüllt.

Maier begann seinen Kaffee zu schlürfen und dachte: Wird sie uns allein lassen?

Die Dame aber hielt es anscheinend für nötig, ihn sofort darauf aufmerksam zu machen, daß sie sie nicht allein lassen würde.

Sie sagte, ihr Giovanni fühle sich seit einigen Tagen nicht wohl, er verbringe die Nachmittage zu Hause und werde von ihr betreut.

Maier fand es merkwürdig, daß ein Mann, der so gesund aussah und der soeben vom Mittagstisch aufgestanden war, nicht nur das Haus hüten, sondern auch noch von seiner Frau überwacht werden müsse. Er glaubte daraus folgern zu müssen, daß Reveni und seine Frau bereits vereinbart hatten, ihm keine Hilfe zu gewähren. Von den beiden, so erinnerte er sich, war sie als die Härtere bekannt. Reveni selbst hatte ihm einmal erzählt, wie sie es verstanden habe, ihn von einem armen Verwandten zu befreien, der ihn mit Bitten um Geld belästigte. Da leistete sie ihm also prompt Assistenz, als sie von seinem Wunsch nach dieser Unterredung erfahren hatte.

Er fühlte sich erniedrigt, geradezu beleidigt. Man konnte ihn doch nicht mit einem armen und zudringlichen Bittsteller auf eine Stufe stellen. Er kam doch, ganz im Gegenteil, um ein Geschäft vorzuschlagen, das Reveni keinen geringen Nutzen eintragen würde, wenn er bereit wäre einzusteigen. Er wollte sich von jedem Anschein der Minderwertigkeit reinwaschen, sich darüber erheben. Er machte es sich ebenfalls in seinem Sessel bequem und nahm genau die gleiche Stellung ein wie Reveni. Mit einer leichten Kopfbewegung deutete er einen Dank an, als Frau Reveni ihm das Täßchen Kaffee reichte. Das bedeutete für ihn eine solche Anstrengung, daß er sich tatsächlich von allen Minderwertigkeitsgefühlen reingewaschen fühlte. Er würde Reveni gar nichts vorschlagen. Er würde so tun, als hätte er um die Unterredung aus einem ganz anderen Grund gebeten. Aus welchem? Es war nicht leicht, einen zu finden, denn in ihren Geschäften hatten die beiden alten Freunde nie irgendeine Berührung miteinander gehabt. Von Geschäften konnte er also nicht reden. In welcher anderen Hinsicht aber konnte ihm an Revenis Rat gelegen sein? Vor wenigen Wochen, so fiel ihm ein, hatte einer seiner Freunde bei ihm vorgefühlt, ob er bereit wäre, die Funktion eines Gemeinderats zu übernehmen. Vielleicht könnte er Reveni darüber um Rat fragen.

Reveni selber aber schnitt jetzt das Thema an, dessentwegen Maier hier war. «Dieser Barabich!» rief er aus. «Aus einer guten alten Triestiner Familie, und läßt sich zu so etwas hinreißen! Wo mag er jetzt stecken? Es heißt, er habe bereits nach Korfu entkommen können.»

Maier konnte das keineswegs als Ankündigung eines Hilfsangebots empfinden, wie er es sich vom Schicksal erwartet hatte. Ganz im Gegenteil! Reveni schien mehr Mitleid mit dem Dieb zu haben als mit ihm, dem Bestohlenen.

Er machte es sich auf seinem Sessel noch bequemer, darauf bedacht, das Täßchen Kaffee in seinen unsicheren Händen festzuhalten. Er zwang sich, den Ausdruck betonter Gleichgültigkeit anzunehmen: «Du wirst begreifen, daß ich die Anzeige erstatten mußte. Jetzt aber ist es mir egal, ob er sich dem Arm der Gerechtigkeit entzieht.»

Frau Reveni hatte ihrem Mann Kaffee nachgegossen und reichte ihm das Täßchen. Den Blick darauf gerichtet, machte sie die paar nötigen Schritte zu ihm hin und wandte sich dann sofort Maier zu: «Es ist ja auch eine Mutter da!» sagte sie in bedrücktem Ton. Wie in ihrer Kleidung, dem Ton ihrer Stimme und jeder ihrer Bewegungen war sie bestrebt, auch dem Sinn ihrer Worte eine große Sanftheit zu verleihen. Somit galt ihre Sorge in dieser Affäre, die Maier ruinierte, vor allem der Mutter des Diebes. Und zu denken, daß sie, die sich da als große Dame aufspielte, in ihrer Jugend als Sängerin in einem Nachtcafé aufgetreten war und sich vor jedem nackt ausgezogen hatte, wenn es die Mühe lohnte! War sie ihm vielleicht immer noch böse, weil er seinerzeit versucht hatte, Reveni von dieser Heirat abzuhalten?

Es war nicht länger möglich, Gleichgültigkeit vorzutäuschen. Rot vor Zorn und bitter lächelnd rief Maier aus: «Sie werden einsehen, daß mir diese Mutter egal ist, da ihres Sohnes wegen eine andere Mutter schwer zu leiden hat, meine Frau nämlich.»

«Ich verstehe, ich verstehe», murmelte Frau Reveni immer noch sanft, setzte sich auf einen Stuhl neben dem kleinen Tisch und füllte nun ihr eigenes Täßchen aus der dampfenden Espressokanne.

Sie verstand anscheinend erst jetzt, aber sie verstand doch nicht alles, denn hätte sie es, dann hätte sie entweder sagen müssen, daß sie oder ihr Mann bereit waren, ihm zu helfen, oder aber, daß sie nichts davon wissen wollten.

Jetzt sprach Reveni. Es schien ihm aufgegangen zu sein, daß die Geschichte nur von einem einzigen Standpunkt zu betrachten war, von dem seines armen Freundes. Mit einem gewissen Unbehagen streckte er sich in seinem Sessel, schaute in die Luft und brummelte: «Eine böse Sache, eine sehr böse Sache!» Er seufzte und fügte, indem er Maier endlich ins Gesicht sah, hinzu: «Da ist dir eine sehr böse Geschichte zugestoßen!»

Das hieß in Wirklichkeit, die Geschichte war so böse, daß niemand daran dachte, helfend einzuspringen, um sie erträglicher zu machen. Keine Hilfe also, und Maier konnte sich die Erniedrigung ersparen, darum zu bitten. Er stand auf, stellte das Täßchen ab, das er offenbar geleert hatte, ohne etwas vom Kaffeegeschmack zu spüren, und sagte, nachdem er seine Stellung im Armsessel wieder eingenommen hatte, mit einer lässigen Handbewegung: «Es handelt sich um Geld, um viel Geld, aber nicht um das ganze Geld. Es tut mir für meinen Sohn leid, daß mein Vermögen zusammenschrumpft, aber er bekommt nach meinem Tode immerhin mehr Geld, als ich nach dem Tode meines Vaters besaß.»

Reveni gab nun die unbeteiligte Haltung eines Mannes auf, der nur soviel hören will wie unbedingt nötig, und sagte im Ton aufrichtiger Freude: «Es stimmt also, was ich angenommen habe! Du hast durch diese böse Geschichte doch nicht den Riesenschaden erlitten, wie man sich in der Stadt erzählt. Laß mich deine Hand drükken, mein guter Freund. Ich bin darüber glücklicher, als wenn ich einen noch so großen Gewinn erzielt hätte.» Er war jetzt hellwach. Er hatte sich sogar aus dem Sessel erhoben, um Maier die Hand drücken zu können. Der aber war außerstande, bei dieser Freudenkundgebung besondere Dankbarkeit zu heucheln, und ließ seine

Hand reglos in der des Freundes ruhen, der somit zu seinem Sessel zurückkehrte. Maier dachte: Sie teilen meine Freude, aber meinen Schmerz zu teilen vermochten sie in keiner Weise. Im selben Augenblick mußte er an die Bilanz denken, die er an diesem Tag aufgestellt hatte: Die Geschichte hatte sein gesamtes Vermögen aufgezehrt, ganz und gar, restlos. Dabei war er noch nicht einmal sicher, ob sich nicht in der Schublade irgendeines Unbekannten weitere Forderungen befanden, die er jetzt nicht mehr befriedigen könnte. Sein Sohn würde keinen Groschen von ihm erben, wenn er, Maier, nicht imstande sein sollte, in der kurzen Lebenszeit, die ihm noch vergönnt sein konnte, mit vollem Einsatz zu arbeiten. Solange er mit sich allein gewesen war, hatte er es verstanden, zu rechnen und zu klaren Resultaten zu gelangen. Jetzt aber, in Gegenwart dieses Freundes, sah er nicht mehr so klar. Sollte er nicht auch vor ihm seine wahre Situation verbergen, um den Kredit wiederzuerlangen, den er brauchte, um seine Arbeit fortzusetzen? Dieser noch nicht ganz durchdachte taktische Vorsatz munterte auch ihn etwas auf. Frau Reveni bot ihm ein weiteres Täßchen Kaffee an, um ihrerseits Freude über die gute Nachricht zu bekunden, und er nahm es mit einem dankbaren Lächeln an, was ihn große

Anstrengung kostete. Immerhin schlürfte er zum Beweis seiner Dankbarkeit den Kaffee in einem Zug in sich hinein, und das war mehr, als er gewohnt war.

Reveni schien es, man könne nun, da man wußte, daß die Dinge für Maier doch nicht gar so schlimm stünden, offen darüber reden: «Ich gestehe, daß *ich* dem Barabich nie getraut hätte. Ich habe von dem Geschäft, das dich an ihn gebunden hat, erst erfahren, als es bereits perfekt war. Aber ganz Triest wußte, daß alle von Barabich vorher getätigten Geschäfte ein böses Ende genommen haben.»

«Ja! Aber nicht in dieser Art und Weise!» widersprach Maier. «Man konnte vielmehr den Eindruck gewinnen, daß er seine Unternehmungen stets gut geführt hat und nur jedesmal vom Pech verfolgt wurde.»

Reveni machte eine Geste des Zweifels. «Ich traue einem Menschen nicht, der immer wieder hochgespült wird und immer wieder untergeht. Es ist klar, daß er nicht schwimmen kann. Barabichs Laufbahn begann mit jenem Unternehmen, das vor ungefähr zehn Jahren zum allgemeinen Gespräch wurde: den Reisladungen aus China. Was für ein Haufen Geld ins Meer geworfen! Dann begann er, Unternehmen aus dem Stegreif zu gründen. Es ist zwar richtig, daß die von ihm geplanten Unternehmen zum Teil erfolgreich waren, aber ohne ihn, denn in einem bestimmten Moment fühlte man das Bedürfnis, ihn loszuwerden. Man sagte ihm nichts Schlechtes nach, im Gegenteil: Man sprach viel von seiner Ehrlichkeit, aber niemand wußte zu sagen, warum er an diesen Unternehmen nicht mehr beteiligt war. Und wovon lebte er dann? Bevor es ihm gelang, dich zu ködern, tat er nichts als reden und reden! Er redete von der Kolonisierung Argentiniens, von der Kolonisierung Kendykes, lauter Geschäfte, die ihm wenig eintragen konnten, da er sie nicht machte. Schließlich entdeckte er noch ein ihm fernes Land, den Bau von Automobilen, und es klingt unglaublich, daß ein Mann deiner Erfahrung ihm in dieses Land folgen wollte.»

Das furchtbare für Maier war, daß Reveni recht hatte. Er erinnerte sich, wie er mit der Aussicht auf rasche, riesige Gewinne geködert worden war. Aber um sich zu verteidigen, erinnerte er sich auch daran, wie er diesen Menschen gemocht hatte, der jünger war als er, so selbstsicher, reich an Kenntnissen, daß man ihn für einen Fachmann halten konnte. Und nur an diese Zuneigung wollte er sich erinnern: «Ich ließ mich auf das Geschäft auch deshalb ein, weil ich Barabich helfen wollte. Es tat mir leid, daß ein so begabter Mensch in einer so bescheidenen Stellung verbleiben sollte.»

Reveni schwieg einen Augenblick, als zögerte er mit der Antwort. Dann betrachtete er Maier mit einem forschenden Blick, wie um sich zu vergewissern, daß er im Ernst gesprochen hatte. Da fiel ihm etwas ein, das den Ausschlag gab, und er sagte lachend und in dem vergeblichen Bemühen, auch seinen Gesprächspartner zum Lachen zu bringen: «Erinnerst du dich an den alten Almeni? Seinetwegen kamen wir zum ersten- und zum letztenmal geschäftlich zusammen. Erinnerst du dich nicht? Er ließ nicht locker, bis ich, du und noch zwei unserer Freunde zu einer Sitzung zusammenkamen, um zu entscheiden, ob man ihm das nötige Geld für die Eröffnung eines Cafés im Stadtzentrum zur Verfügung stellen sollte, das er und sein Sohn führen wollten. Es sollte sehr luxuriös, also sehr kostspielig ausgestattet werden, denn nur dann wäre der Erfolg sicher. Weder ich noch du kannten uns in einer solchen Sache aus, aber einer unserer präsumtiven Teilhaber erklärte sie uns und äußerte starke Zweifel, daß eine derartige Spekulation in unserer Stadt Erfolg haben könnte. Man kam zu dem Schluß, daß das Beste an dem Geschäft die wirksame Hilfe sei, die man Almeni damit gewähre, einem ehrenwerten alten Mann mit einer großen

Familie am Hals, dem es trotz bester Fähigkeiten ebenfalls nicht gelungen war, aus einer bescheidenen Lage herauszukommen. Da meldeten wir beide, ich und du, uns zu Wort und erklärten uns sofort darin einig, daß man auf dieser Welt Geschäfte machen und auch gute Taten setzen müsse, daß aber eine gute Tat in Form eines Geschäfts unvermeidlich ein schlechtes Geschäft sei, abgesehen davon, daß es keine gute Tat mehr wäre. So beschlossen wir einstimmig, dem alten Herrn eine kleine Hilfe zukommen zu lassen, denn die verdiente er, und mehr nicht. Ich erinnere mich noch genau deiner Logik und wundere mich, daß du sie vergessen hast.»

Maier wollte sich energisch verteidigen. Daß Reveni ihm nicht nur nicht helfen wollte, sondern sich auch noch anmaßte, recht zu haben – das war zuviel. «Zwischen Almeni und Barabich besteht doch ein großer Unterschied. Almeni war irgendein alter Esel, Barabich aber ein gewitzter und gebildeter junger Mann, der nur den Fehler hatte, ein Dieb zu sein.»

Maier hatte diese Worte so leidenschaftlich vorgebracht, er war vor Zorn so rot im Gesicht geworden, daß Frau Reveni es für angebracht hielt, sich einzuschalten, um zu verhindern, daß die Auseinandersetzung zu heftige Formen annahm. Sie habe tags zuvor Frau Maier mit ihrem

Töchterchen gesehen: «Ein reizendes Kind mit den unschuldigen Augen einer Gazelle.» Die Gazelle war ein sanftes Tier, und Frau Reveni hatte sie in ihrem Wortschatz.

Maier hätte sich nicht besänftigen lassen, selbst wenn man auch ihn mit dem Namen eines reizenden Tieres belegt hätte. Eine Erinnerung durchfuhr ihn. Er erinnerte sich nicht nur der Episode mit diesem Almeni, sondern er glaubte auch sicher zu sein, daß gerade er das Argument vorgebracht hatte, das Reveni jetzt als das seine ausgab. So hellsichtig war er, Maier, damals gewesen, und jetzt wurde seine Intelligenz nur erwähnt, um den Irrtum, den er begangen hatte, erst recht herauszustreichen.

Von Selbstmitleid ergriffen, sagte er geradezu mit Tränen in den Augen zu Reveni: «Das Leben ist lang, zu lang, und es besteht aus unzähligen Tagen, von denen dir jeder die Zeit für den Irrtum geben kann, der die Klugheit und den Fleiß aller übrigen Tage zunichte zu machen vermag. Ein einziger Tag... gegen all die anderen.»

Reveni sah zur Seite, sah vielleicht auf sein eigenes Leben zurück, um darin den Tag zu entdecken, an dem er durch einen Irrtum das Werk all seiner anderen Tage hätte gefährden können. Er nickte, möglicherweise nur, um seinen Freund zu besänftigen. Er schien nicht beunruhigt bei dem Gedanken an die vergangene oder möglicherweise noch bevorstehende Gefahr. Er sagte: «Ja, das Leben ist lang, sehr lang und sehr gefährlich.»

Maier merkte, daß der andere sich nicht an seine Stelle versetzen konnte, und das hätte ihn auch nicht erbost, denn jeder weiß, wie schwer es ist, sich auch nur die Kälte vorzustellen, die andere leiden, wenn man selber behaglich in der Wärme sitzt; aber es entging ihm nicht, daß Frau Reveni ihren Mann während dessen Rede mit einem Lächeln voll Vertrauen und Hingabe betrachtete. Sie schien zu sagen: «Was für ein merkwürdiger Gedanke! Nein! Du kannst dich nicht irren!»

Und daher steigerte sich sein Widerwille gegen diese Frau derart, daß er ihre Nähe nicht mehr ertragen wollte. Er stand auf und zwang sich zu einem Akt der Höflichkeit gegen die Dame: Er reichte ihr die Hand und sagte, er müsse sich einer dringenden Angelegenheit wegen verabschieden. Er hatte beschlossen, Reveni am nächsten Tag im Büro aufzusuchen, nicht mehr, um ihn um Hilfe zu bitten, sondern ausschließlich um ihn zu überzeugen, daß das Leben lang sei und daß man einen Menschen nicht verurteilen dürfe, der an einem einzigen Tag, an einem einzigen unter unzähligen, unbesonnen gewesen ist. Während er Frau Reveni die Hand hinhielt, stand er mit dem Rücken zu Reveni, der plötzlich einen seltsamen Laut von sich gab. Leiser als sonst und völlig ruhig sagte er ein unverständliches Wort. Maier versuchte später, sich dieses Wortes zu erinnern, doch es gelang ihm nicht, denn es ist schwer, sich eine Folge sinnloser Silben ins Gedächtnis zurückzurufen. Er drehte sich neugierig um, während Frau Reveni zu ihrem Mann lief und ihn erschrocken fragte: «Was hast du?»

Reveni war in seinem Armsessel zurückgesunken. Gleich darauf aber gelang es ihm, seiner Frau eine klare Antwort zu geben, als hätte er sich wieder erholt: «Ich spüre hier einen Schmerz!» Er bewegte die Hand, die jedoch die beabsichtigte Geste nicht mehr ausführen konnte, sondern sich nur von der Armlehne erhob. Dann nichts mehr, und er verharrte reglos, den Kopf auf der Brust. Er stieß noch einen Seufzer aus, der nach Klage klang, nichts weiter. Seine Frau stützte ihn und schrie ihm ins Ohr: «Giovanni! Giovanni. Was hast du?»

Maier wischte sich die Tränen, die er über sein eigenes Unglück vergossen hatte, aus den Augen und wandte sich dem Freund zu. Er erriet sofort, was geschehen war, aber er hing noch so sehr seinen eigenen Angelegenheiten nach, daß sein erster Gedanke war: Er macht sich davon! Selbst wenn er wollte, könnte er mir nicht mehr helfen.

Er mußte sich Gewalt antun, um sich mannhaft aus seinem gemeinen Egoismus aufzuraffen. Er trat zu Frau Reveni und sagte sanft: «Erschrecken Sie nicht, gnädige Frau, es ist nur eine Ohnmacht, nichts sonst. Soll ich den Arzt rufen?»

Sie war vor ihrem Mann niedergekniet. Sie kehrte Maier ein tränenüberströmtes Gesicht zu, das sich in der Hoffnung, die ihr diese Worte gaben, merklich glättete: «Ja! Ja! Rufen Sie ihn!» Und sie nannte ihm eine Telefonnummer.

Maier stürzte in die Richtung, aus der er gekommen war, da schrie die Frau, die noch immer kniete, ihn an: «Auf die andere Seite!» Ein Schrei, den ein Schluchzen höflicher machte. Nun öffnete Maier die Tür gegenüber und stand im Speisezimmer, in dem zwei Dienstmädchen damit beschäftigt waren, den Tisch abzuräumen. Er sagte ihnen, sie sollten ihrer Herrin im Nebenzimmer beistehen, und verlangte am Telefon, das er sofort fand, die Nummer, die ihm Frau Reveni gegeben hatte.

Die Verbindung kam nicht gleich zustande, und er fragte sich in einem Anfall von Ungeduld ängstlich: «Lag er im Sterben, oder war er schon tot?»

Aber dann stieg während der Warteminuten Mitleid in ihm auf: «So also, so stirbt man!» Dann: «Er kann nichts mehr zusagen, aber er verweigert auch nichts mehr.»

Der Arzt versprach, sofort zu kommen. Maier legte den Hörer auf, ging jedoch nicht gleich zu Frau Reveni zurück. Er sah sich um: Was für ein Luxus! Seine Beziehung zu Reveni war nach dessen Heirat nur mehr sehr lose gewesen, und ihre Frauen verkehrten nicht miteinander. Er sah dieses Speisezimmer zum erstenmal, das Licht drang hell durch die großen Fenster, spiegelte sich in den Marmorsockeln der Wände, in den zarten Goldverzierungen der Türen, in den Kristallgläsern, die noch auf dem Tisch standen. Alles befand sich sicher an seinem Platz, denn der Ärmste im Nebenzimmer hatte nie eine Dummheit begangen und konnte auch keine mehr begehen.

Geht es mir besser, oder geht es ihm besser? dachte Maier.

Mit Hilfe der Dienstmädchen hatte Frau Reveni den Körper ihres Mannes auf das Sofa gelegt. Sie machte sich immer noch um ihn zu schaffen. Sie hatte sein Gesicht mit Essig übergossen und hielt ihm ein Fläschchen mit Riechsalz unter die Nase. Es war eine Leiche, keine Frage. Die Augen hatten sich von selbst geschlossen, der linke Augapfel aber war deutlich vorgequollen.

Maier war diese Frau so fremd, daß er es nicht wagte, mit ihr zu sprechen. Ihm fiel die Adresse der Tochter ein, und er wollte schon zum Telefon zurückkehren. Dann besann er sich aber und beschloß, sie selber zu holen. Sie wohnte nicht weit.

«Ich denke», sagte er zögernd zu Frau Reveni, «ich benachrichtige Frau Alice persönlich, daß ihrem Vater nicht wohl ist.»

«Ja, ja», schluchzte die Frau.

Er lief hinaus. Nicht weil er es so eilig hatte, denn Reveni konnte jetzt von niemandem mehr geholfen werden, sondern um von dieser Leiche fortzukommen.

Und auf der Straße wiederholte er sich die Frage: Geht es ihm besser oder mir? Wie friedlich hingestreckt er doch auf dem Sofa gelegen hatte! Seltsam! Er rühmte sich nicht mehr seiner Erfolge, die angesichts der Irrtümer Maiers noch großartiger erschienen. Er war ins Allgemeine zurückgekehrt, und von dort blickte er mit seinem vorquellenden Auge untätig herüber, ohne Freude und ohne Leid. Die Welt ging weiter, diese Geschichte aber bewies ihre ganze Nichtigkeit. Die Geschichte, die Reveni zugestoßen war, nahm der, die ihm selber zugestoßen war, jede Bedeutung.

FEURIGER WEIN

Eine Nichte meiner Frau heiratete in dem Alter, in dem die jungen Mädchen aufhören, solche zu sein, und zu alten Jungfern verkümmern. Die Ärmste hatte noch bis vor kurzem versucht, sich dem Leben zu verweigern, war dann aber durch das Drängen der ganzen Familie dazu gebracht worden, sich ihm wieder zuzuwenden und ihren Wunsch nach Reinheit und Religion aufzugeben; sie hatte sich bereit gefunden, mit einem jungen Mann, den die Familie als gute Partie für sie ausgesucht hatte, zu sprechen. Und schon war es aus mit der Religion und den Träumen von tugendhafter Einsamkeit! Die Hochzeit wurde sogar früher angesetzt, als die Verwandten es gewünscht hatten. Und nun saßen wir also am Polterabend beim Essen.

Ich, als alter Fuchs, lachte. Was hatte der junge Mann gemacht, um sie so rasch umzustimmen? Wahrscheinlich hatte er sie in die Arme genommen, um sie die Lust am Leben spüren zu lassen, und er hatte sie wohl eher verführt als überzeugt. Deshalb mußte man ihnen auch sehr viel Glück wünschen. Alle, die heiraten, können Glückwünsche brauchen, aber dieses junge Mädchen mehr als alle anderen. Welches Unglück, wenn sie eines Tages bereuen müßte, daß sie sich auf diesen Weg hatte zurücklocken lassen, vor dem ihr Instinkt sie gewarnt hatte. Und auch ich begleitete manches Glas mit Glückwünschen, die ich sogar auf diesen Sonderfall abzustimmen wußte: «Seid ein oder zwei Jahre glücklich, dann werdet ihr die anderen langen Jahre im dankbaren Gedenken, genossen zu haben, leichter ertragen. Die Freude läßt Bedauern zurück, und wenn das auch ein Schmerz ist, so doch einer, der den tiefen, den wahren Schmerz des Lebens überdeckt.»

Es sah nicht so aus, als empfände die Braut ein Bedürfnis nach so vielen Glückwünschen. Mir schien vielmehr, als sei ihr Gesicht geradezu erstarrt in einem Ausdruck vertrauensvoller Hingabe. Es war jedoch der gleiche Ausdruck wie damals, als sie ihren Willen verkündet hatte, sich in ein Kloster zurückzuziehen. Auch dieses Mal legte sie ein Gelübde ab, das Gelübde, ihr ganzes Leben lang froh zu sein. Es gibt Leute, die eben immerzu Gelübde ablegen. Würde sie dieses Gelübde besser halten als das vorige?

Alle anderen an der Tafel waren von heiterer Ungezwungenheit, wie Zuschauer es immer sind. Mir fehlte diese Ungezwungenheit völlig. Es war ein denkwürdiger Abend auch für mich.

Meine Frau hatte bei Doktor Paoli erreicht, daß es mir an diesem Abend erlaubt sein sollte, zu essen und zu trinken wie alle anderen. Diese Freiheit war durch die Mahnung, daß sie mir schon am nächsten Tag wieder genommen würde, noch kostbarer geworden. Und ich benahm mich genauso wie die jungen Leute, denen man zum erstenmal den Hausschlüssel läßt. Ich aß und trank nicht aus Hunger oder Durst, sondern in der Gier nach Freiheit. Jeder Bissen, jeder Schluck sollte meine Unabhängigkeit demonstrieren. Ich öffnete den Mund weiter, als es nötig gewesen wäre, um die einzelnen Bissen hineinzuschieben, der Wein floß aus der Flasche in mein Glas, bis es überlief, und im nächsten Augenblick hatte ich es schon wieder geleert. Ich spürte einen Drang, mich zu bewegen, und obwohl ich wie festgenagelt auf meinem Stuhl saß, hatte ich das Gefühl, als liefe und spränge ich herum wie ein Hund, den man von der Kette gelassen hat.

Meine Frau verschlimmerte meinen Zustand noch, indem sie ihrer Nachbarin schilderte, welchen Diätvorschriften ich für gewöhnlich unterworfen war, während meine fünfzehnjährige Tochter Emma ihr zuhörte und sich wichtig machte, indem sie die Ausführungen ihrer Mutter noch hier und da ergänzte. Wollten sie mich unbedingt an die Kette erinnern, auch noch in dem Augenblick, in dem sie mir abgenommen worden war? Und alle meine Qualen wurden beschrieben: wie sie das bißchen Fleisch abwogen, das mir mittags erlaubt war, und ihm jeden Geschmack nahmen, und wie es abends nicht einmal mehr etwas abzuwiegen gab, da das Abendessen nur aus einem Brötchen mit einem Hauch von Schinken und einem Glas warmer Milch ohne Zucker bestand, von der mir fast übel wurde. Und während sie so sprachen, machte ich mir meine eigenen Gedanken über die Wissenschaft des Doktors und über ihre Liebe. Wenn mein Organismus wirklich so zerrüttet war, wie konnte man dann annehmen, daß er an diesem Abend – nur weil das Kunststück geglückt war, jemanden zu verheiraten, der es aus eigenem Antrieb nicht getan hätte – plötzlich soviel unverdauliches und schädliches Zeug vertragen würde? Beim Trinken bereitete ich mich auf die Rebellion des kommenden Tages vor. Die würden Augen machen!

Die anderen blieben beim Champagner, ich aber kehrte, nachdem ich einige Gläser getrunken hatte, um bei den verschiedenen Trinksprüchen mitzuhalten, zu dem einfachen Tischwein zurück, einem trockenen, sauberen istrischen Wein, den ein Freund des Hauses zu diesem Anlaß geschickt hatte. Ich liebte diesen Wein, wie man seine Erinnerungen liebt, und mißtraute ihm nicht, noch war ich überrascht, daß er, statt mir Heiterkeit und Vergessen zu schenken, den Zorn in meinem Herzen größer werden ließ.

Wie sollte ich auch nicht zornig sein? Man hatte mich eine scheußliche Zeit durchmachen lassen. Verängstigt und elend hatte ich jeden großzügigen Trieb in mir erstickt, um ihn durch Pillen, Tropfen und Pülverchen zu ersetzen. Kein Sozialismus mehr. Was ging es mich an, wenn Grund und Boden, entgegen jeder noch so einsichtigen Folgerung der Wissenschaft, weiterhin Gegenstand des Privatbesitzes blieben? Wenn deshalb so vielen das tägliche Brot und jenes Maß an Freiheit, das jeden Tag des Menschen verschönern sollte, versagt wurden? Hatte ich etwa das eine oder das andere?

An diesem seligen Abend versuchte ich, wieder der zu werden, der ich gewesen war. Als mein Neffe Giovanni, ein Riese, der gut zwei Zentner wiegt, mit seiner Stentorstimme gewisse Geschichtchen über seine Gerissenheit und die Einfältigkeit der anderen in geschäftlichen Dingen zu erzählen begann, fand ich in meinem Herzen den früheren Altruismus wieder. «Was wirst du tun», schrie ich ihn an, «wenn der Kampf unter den Menschen kein Kampf ums Geld mehr sein wird?»

Für einen Augenblick verschlug es Giovanni die Sprache bei meiner unerwarteten, rigorosen Frage, die seine ganze Welt zu erschüttern drohte. Er starrte mich mit seinen durch die Brille vergrößerten Augen an. Er suchte in meinem Gesicht nach Erklärungen. Alle schauten ihn an und hofften, über eine seiner Antworten lachen zu können, Antworten eines ungebildeten, intelligenten Geldsacks mit einem naiven, aber boshaften Witz, der immer überrascht, obwohl er auch schon vor Sancho Pansa bekannt war; er gewann indessen Zeit, indem er sagte, der Wein trübe zwar allen den Blick für die Gegenwart, mir aber verneble er die Zukunft. Das war schon nicht schlecht, aber dann glaubte er, noch etwas Besseres gefunden zu haben, und brüllte: «Wenn niemand mehr ums Geld kämpfen wird, werde ich es ohne Kampf kriegen – alles, alles.» Man lachte viel, besonders darüber, wie er mehrere Male seine kräftigen Arme ausbreitete und dann wieder schloß, wobei sich die offenen Hände zu Fäusten ballten, als raffe er bereits das Geld zusammen, das ihm von allen Seiten her zuströmen müsse.

Die Debatte ging weiter, und keiner bemerkte, daß ich, wenn ich nichts redete, trank.

Und ich trank viel und sagte wenig, ganz darauf bedacht, mein Inneres zu erforschen, um zu sehen, ob es sich endlich wieder mit Wohlwollen und Altruismus fülle. Es brannte ein wenig, dieses Innere. Doch es war ein Brennen, das sich später in eine milde Wärme verwandeln würde, in das Gefühl, wieder jung zu sein, das der Wein einem gibt, wenn auch leider nur für kurze Zeit.

Und während ich darauf wartete, rief ich Giovanni zu: «Wenn du das Geld kassierst, das die anderen ablehnen, werden sie dich ins Loch stecken.»

Aber Giovanni rief sofort zurück: «Dann werde ich die Wärter bestechen und die einsperren lassen, die kein Geld haben, um sie zu bestechen.»

«Aber mit Geld wird man dann keinen mehr bestechen können.»

«Und warum sollte man es mir dann nicht lassen?»

Ich geriet in maßlosen Zorn: «Wir werden dich aufhängen», brüllte ich. «Du verdienst es nicht besser. Den Strick um den Hals und Gewichte an die Beine!»

Verblüfft brach ich ab. Mir schien, daß ich meinen Gedanken nicht richtig zum Ausdruck gebracht hatte. War ich denn wirklich so – ich? Nein, gewiß nicht. Ich überlegte: Wie konnte ich zu meiner Liebe zu allen lebenden Wesen zurückfinden, zu denen doch auch Giovanni gehören mußte? Ich lächelte ihm sofort zu, in einer ungeheuren Anstrengung, mich zu korrigieren, ihm zu verzeihen und ihn zu lieben. Aber er hinderte mich daran, denn er achtete überhaupt nicht auf mein wohlwollendes Lächeln und sagte, als resigniere er bei der Feststellung einer Ungeheuerlichkeit: «So ist es eben, alle Sozialisten enden in der Praxis als Henker.»

Er hatte mich besiegt, aber ich haßte ihn. Er zog mein ganzes Leben in den Schmutz, auch mein früheres, vor der Einmischung des Doktors, dem ich nachtrauerte, weil es in der Erinnerung so hell schien. Er hatte mich besiegt, weil er genau den Zweifel bloßlegte, der mich schon vor seinen Worten so geängstigt hatte.

Und gleich darauf traf mich eine neue Strafe.

«Wie gut er ausschaut», sagte meine Schwester, wobei sie mich mit Wohlgefallen betrachtete, und das war eine unglückliche Bemerkung, denn kaum hatte meine Frau sie gehört, witterte sie auch schon die Möglichkeit, dieses übertriebene Wohlbefinden, das mir das Gesicht rötete, könnte in um so schlimmere Krankheit umschlagen. Sie erschrak, als hätte sie in diesem Augenblick jemand vor einer unmittelbaren Gefahr gewarnt, und fiel heftig über mich her: «Schluß jetzt, Schluß!» schrie sie. «Weg mit dem Glas!» Sie rief meinen Nachbarn zu Hilfe, einen gewissen Alberi, einen der längsten Männer der Stadt, mager, dürr und gesund, aber bebrillt wie Giovanni. «Seien Sie doch so gut und nehmen Sie ihm das Glas aus der Hand!» Und als sie sah, daß Alberi zögerte, wurde sie ganz wild vor Sorge und Aufregung: «Herr Alberi, seien Sie doch so gut und nehmen Sie ihm das Glas weg!»

Ich wollte lachen, das heißt, ich sagte mir, daß ein gebildeter Mensch nun lachen müsse, aber es war mir unmöglich. Ich hatte die Rebellion erst für den nächsten Tag vorgehabt, es war nicht meine Schuld, wenn sie nun sofort ausbrach. Diese Zurechtweisung vor allen Leuten war wirklich beleidigend. Alberi, dem ich, meine Frau und all die Leute, die ihn mit Essen und Trinken traktierten, völlig gleichgültig waren, verschlimmerte meine Situation noch, indem er sie ins Lächerliche zog. Er schielte über die Brille hinweg auf das Glas, das ich fest umschlossen hielt, näherte sich ihm mit den Händen, als ob er es mir entreißen wolle, und zog sie dann schnell wieder zurück, als habe er Angst vor mir, der ich ihm ins Auge sah. Alle lachten auf meine Kosten, Giovanni wie üblich so laut, daß ihm die Luft wegblieb.

Meine Tochter Emma glaubte, die Mutter brauche ihre Hilfe. In einem Ton, der mir übertrieben flehend vorkam, sagte sie: «Papa, trink nicht mehr!»

Und auf diese Unschuldige entlud sich nun mein ganzer Zorn. Ich fuhr sie mit einem harten und drohenden Wort an, das mir vom Ressentiment des Alten und des Vaters diktiert wurde. Sofort standen ihr die Tränen in den Augen, und ihre Mutter kümmerte sich nicht mehr um mich, sondern wandte sich ganz ihr zu, um sie zu trösten.

Mein Sohn Ottavio, damals dreizehn, lief genau in dem Augenblick zu seiner Mutter. Er hatte nichts bemerkt, weder den Kummer der Schwester noch den Streit, der ihn hervorgerufen hatte. Er wollte um Erlaubnis bitten, am nächsten Abend mit einigen Freunden, die ihm das eben vorgeschlagen hatten, ins Kino zu gehen. Aber meine Frau, die ganz von ihrem Amt als Trösterin Emmas in Anspruch genommen war, hörte ihm nicht zu.

Ich wollte mich durch einen Akt der Autorität wieder aufrichten und schmetterte meine Erlaubnis: «Ja, natürlich, du gehst ins Kino. Das erlaube *ich* dir, und damit Schluß.» Ohne noch anderes hören zu wollen, kehrte Ottavio zu seinen Freunden zurück, nachdem er zu mir gesagt hatte: «Danke, Papa.» Schade, daß er gleich wieder fortlief. Wäre er bei uns geblieben, hätte mich der Anblick seiner Freude, die mein Machtwort bewirkt hatte, besänftigt.

Die gute Stimmung an unserem Tisch war für einige Augenblicke dahin, und ich hatte das Gefühl, auch der Braut gegenüber gefehlt zu haben, für die unsere ungetrübte Stimmung doch von guter Vorbedeutung sein sollte. Und dabei war sie die einzige, die meinen Kummer verstand, jedenfalls schien es mir so. Sie blickte mich geradezu mütterlich an, bereit, mir zu verzeihen und mich zu streicheln. Dieses Mädchen hatte immer den Anschein erweckt, als sei sie sich ihres Urteils völlig sicher. Wie damals, als sie nach dem Klosterleben strebte, glaubte sie sich auch jetzt allen überlegen, weil sie darauf verzichtet hatte. Nun erhob sie sich über mich, meine Frau und meine Tochter. Wir taten ihr leid, und ihre schönen grauen Augen richteten sich heiter gelassen auf uns, um zu ergründen, wo die Schuld liege, denn ihrer Meinung nach mußte, wo Schmerz war, auch eine Schuld zu finden sein.

Das erhöhte in mir noch den Groll gegen meine Frau, deren Verhalten uns diese Demütigung zugezogen hatte. Es machte uns allen, auch den Armseligsten an dieser Tafel, unterlegen. Dort unten, am Tischende, hatten sogar die Kinder meiner Schwägerin aufgehört zu schwatzen und kommentierten mit zusammengesteckten Köpfen den Vorfall. Ich packte mein Glas, im Zweifel, ob ich es leeren oder an die Wand oder gar gegen das Fenster auf der anderen Seite schleudern sollte. Schließlich leerte ich es in einem Zug. Das war der energischste Akt, weil er meine Unabhängigkeit demonstrierte. Mir schien es der beste Wein, den ich an diesem Abend getrunken hatte. Ich verlängerte den Akt, indem ich mir noch einmal einschenkte und noch einmal einen Schluck trank. Aber die Freude wollte sich nicht einstellen, und das ganze übersteigerte Leben, das inzwischen meinen Organismus durchströmte, war Groll. Mir kam eine merkwürdige Idee. Meine Rebellion allein genügte nicht, um all die Verworrenheit aufzulösen. Sollte ich nicht auch der Braut vorschlagen, mit mir zu rebellieren? Zum Glück lächelte sie gerade in diesem Augenblick zärtlich dem Mann zu, der vertrauensvoll neben ihr saß. Und ich dachte: Sie hat noch keine Ahnung und glaubt, sie wisse, worauf es ankommt.

Ich entsinne mich noch, daß Giovanni sagte: «Laßt ihn doch trinken, der Wein ist die Milch der Alten.» Ich blickte ihn an und verzog mein Gesicht zu einem Lächeln, aber es gelang mir nicht, ihn zu mögen. Ich wußte, daß es ihm nur um die gute Stimmung ging und daß er mich besänftigen wollte wie ein ungezogenes Kind, das eine Zusammenkunft von Erwachsenen stört.

Ich trank danach wenig und nur dann, wenn sie zu mir herschauten, und sagte kein Sterbenswörtchen mehr. Überall um mich herum war fröhliches Gekreische, und es ging mir auf die Nerven. Ich hörte nicht zu, aber es war schwierig, wegzuhören. Alberi und Giovanni waren sich in die Haare geraten, und es machte allen Spaß zu sehen, wie sich der Dicke mit dem Mageren herumschlug. Um was es ging, weiß ich nicht, aber ich hörte vom einen wie vom anderen ziemlich heftige Worte. Ich sah, wie Alberi dastand, sich zu Giovanni hinüberbeugte und dabei seine Brille fast bis über die Tischmitte schob, ganz nahe an den Gegner heran; der streckte seine zwei Zentner zwanzig bequem in einem Liegestuhl aus, den man ihm nach dem Essen zum Spaß hingestellt hatte, und musterte Alberi mit dem Blick des guten Fechters, als überlege er, wohin er den Stoß richten solle. Aber auch Alberi machte keine üble Figur, so dürr und dennoch gesund, wie er war, beweglich und munter.

Und ich entsinne mich auch der Glückwünsche und des endlosen Abschiednehmens beim Aufbruch. Die Braut küßte mich mit einem Lächeln, das mir immer noch mütterlich erschien. Zerstreut nahm ich diesen Kuß entgegen. Ich überlegte, wann es mir vergönnt sein würde, ihr etwas von diesem Leben zu erklären.

Plötzlich wurde, von irgend jemandem, ein Name genannt, der Name einer Freundin meiner Frau und einer ehemaligen Freundin von mir: Anna. Ich weiß nicht von wem noch in welchem Zusammenhang, aber ich weiß, daß es der letzte Name war, den ich hörte, ehe ich von der Tischgesellschaft in Ruhe gelassen wurde. Seit Jahren pflegte ich Anna oft bei meiner Frau zu sehen und mit der Freundschaftlichkeit und Gleichgültigkeit von Leuten zu begrüßen, die keinen Grund haben, sich dagegen zu verwahren, daß sie in derselben Stadt und in derselben Epoche geboren wurden. Doch jetzt fiel mir ein, daß sie vor vielen Jahren Opfer meines einzigen Liebesdelikts gewesen war. Ich hatte ihr fast bis zu dem Tag, an dem ich meine Frau heiratete, den Hof gemacht. Aber dann hatte niemand mehr über meinen Verrat gesprochen, der so abrupt gewesen war, daß ich nicht einmal versucht hatte, ihn auch nur mit einem einzigen Wort zu beschönigen, denn bald darauf hatte auch sie sich verheiratet und war sehr glücklich geworden. Sie war nicht zu unserem Essen gekommen, weil sie wegen einer leichten Grippe das Brett hüten mußte. Nichts Ernstes. Seltsam und beängstigend war dagegen, daß ich mich jetzt an mein Liebesdelikt erinnerte, das nun mein ohnehin schon beunruhigtes Gewissen bedrückte. Ich hatte geradezu das Gefühl, daß in diesem Augenblick mein altes Delikt bestraft werden sollte. Von seinem Lager aus, das aller Wahrscheinlichkeit das einer Genesenden war, hörte ich mein Opfer beteuern: «Wenn es eine Gerechtigkeit gibt, darfst du nicht glücklich sein.» Tief bedrückt ging ich ins Schlafzimmer. Ich war ein wenig verwirrt, denn es erschien mir nicht gerecht, daß nun meine Frau dazu ausersehen sein sollte, die zu rächen, die sie selbst verdrängt hatte.

Emma kam, mir gute Nacht zu sagen. Lächelnd, rosig, frisch. Die Tränen in ihren Augen waren der Lebensfreude gewichen, wie es bei allen gesunden und jungen Organismen der Fall ist. Seit einiger Zeit verstand ich mich auf die Seelen meiner Mitmenschen, und meine Tochter war durchsichtig wie klares Wasser. Mein Wutausbruch hatte ihr vor aller Augen Wichtigkeit verliehen, das genoß sie in voller Naivität. Ich gab ihr einen Kuß, und ich bin sicher, dabei gedacht zu haben, daß es ein Glück für mich sei, sie so heiter und zufrieden zu finden. Gewiß, um sie zu erziehen, wäre es meine Pflicht gewesen, ihr vorzuhalten, daß sie es mir gegenüber an Respekt habe fehlen lassen. Aber ich fand nicht die richtigen Worte und schwieg. Sie ging, und von meinem Versuch, diese Worte zu finden, blieb nichts als Beunruhigung, als Verwirrung und Anstrengung, die ich nicht gleich wieder loswurde. Um mich zu beruhigen, dachte ich: Ich werde morgen mit ihr sprechen. Ich werde ihr meine Gründe auseinandersetzen. Doch es nützte nichts. Ich hatte sie gekränkt, und sie hatte mich gekränkt. Aber es war eine neue Kränkung, daß sie nicht mehr daran dachte, während ich noch immer daran dachte.

Auch Ottavio kam zum Gutenachtsagen. Ein seltsamer Junge. Er sagte mir und seiner Mutter gute Nacht, als ob er uns kaum sähe. Er war schon wieder draußen, als ich hinter ihm herrief: «Freust du dich aufs Kino?» Er blieb stehen, versuchte sich zu erinnern, und ehe er weiterrannte, sagte er trocken: «Ja.» Er war sehr müde.

Meine Frau streckte mir die Pillenschachtel hin. «Sind es die?» fragte ich mit gespielter Kaltblütigkeit.

«Ja, gewiß», sagte sie freundlich. Sie blickte mich forschend an, und da sie nicht klug aus mir wurde, fügte sie zögernd hinzu: «Ist dir nicht wohl?»

«Doch, doch», beteuerte ich entschlossen, während ich mir einen Stiefel auszog. Und genau in diesem Augenblick fing mein Magen entsetzlich zu brennen an. Das war es, was sie wollte, dachte ich mit einer Logik, die mir erst jetzt zweifelhaft erscheint.

Ich schluckte die Pille mit etwas Wasser und spürte eine leichte Linderung. Mechanisch küßte ich meine Frau auf die Wange. Es war ein Kuß, wie er zu den Pillen paßte. Ich konnte ihn mir nicht ersparen, wenn ich Diskussionen und Erklärungen vermeiden wollte. Aber ich konnte mich auch nicht dem Schlaf überlassen, ohne in dem Kampf, der für mich noch nicht zu Ende war, meine Position dargelegt zu haben, und während ich mich im Bett ausstreckte, sagte ich: «Ich glaube, die Pillen würden besser wirken, wenn man sie mit Wein nähme.»

Sie löschte das Licht, und bald verkündete mir ihr regelmäßiger Atem, daß sie ein ruhiges Gewissen hatte, das heißt also, dachte ich sofort, daß ihr alles, was mich betraf, vollkommen gleichgültig war. Ich hatte sehnsüchtig auf diesen Augenblick gewartet, und sofort sagte ich mir, daß ich nun endlich die Freiheit hätte, so geräuschvoll zu atmen, wie es mein körperlicher Zustand zu erfordern schien, oder sogar zu schluchzen, wie ich es in meiner Niedergeschlagenheit gern getan hätte. Aber in dieser Freiheit wurde der Kummer erst zu einem richtigen Kummer. Überhaupt war das gar keine Freiheit. Wie sollte ich dem Zorn Luft machen, der in mir tobte? Ich konnte nichts weiter tun als darüber brüten, was ich am nächsten Tag zu meiner Frau und zu meiner Tochter sagen würde: Seid ihr nur dann um meine Gesundheit besorgt, wenn es darum geht, mich vor allen bloßzustellen? So war es doch auch. Ich quälte mich hier einsam in meinem Bett, und sie schliefen seelenruhig. Dieses Brennen! Es hatte einen großen Teil meines Organismus ergriffen, es brannte bis zur Kehle hinauf. Auf dem Tischchen neben dem Bett mußte die Wasserflasche stehen, und ich streckte die Hand danach aus. Aber ich stieß an das leere Glas, und das leichte Klirren genügte, um meine Frau zu wecken. Die schläft ja immer mit einem offenen Auge.

«Ist dir nicht wohl?» fragte sie mit leiser Stimme. Sie war nicht sicher, ob sie richtig gehört hatte, und wollte mich nicht wecken. Soviel erriet ich, aber ich unterstellte ihr die eigensinnige Absicht, sich über dieses Unwohlsein zu freuen, das natürlich nur wieder der Beweis war, daß sie recht gehabt hatte. Ich verzichtete auf das Wasser und legte mich ganz sachte wieder zurück. Sogleich fiel sie von neuem in ihren leichten Schlaf, der es ihr gestattete, mich zu überwachen.

Kurz und gut, wenn ich in dem Kampf mit meiner Frau nicht unterliegen wollte, mußte ich schlafen. Ich schloß die Augen und legte mich zusammengekrümmt auf die Seite. Sofort mußte ich diese Stellung wieder aufgeben. Ich blieb jedoch hartnäckig und öffnete die Augen nicht. Aber in jeder Stellung hatte ein Teil meines Körpers zu leiden. Ich dachte: Mit einem solchen Körper kann man nicht schlafen. Ich war ganz wach, ganz Bewegung. Wer läuft, kann nicht an Schlaf denken. Von diesem Laufen kam mein Keuchen und das Stampfen meiner Schritte im Ohr, wie schwere Stiefel. Ich dachte, daß ich mich vielleicht zu behutsam im Bett bewegte, um auf einen Schlag und mit allen Gliedern die richtige Lage finden zu können. Man durfte sie nicht suchen. Man mußte alles von selbst den seiner Form gemäßen Platz finden lassen. Ich warf mich heftig herum. Sofort hörte ich meine Frau murmeln: «Ist dir nicht wohl?» Hätte sie andere Worte gebraucht, hätte ich geantwortet und sie um Hilfe gebeten. Aber auf diese Worte, die kränkend auf unseren Streit anspielten, wollte ich nicht antworten.

Sich ruhig zu halten konnte doch nicht so

schwer sein. Warum sollte es schwierig sein zu liegen, wirklich im Bett zu liegen? Ich sah all die großen Schwierigkeiten vor mir, auf die wir in dieser Welt stoßen, und fand, daß es im Vergleich dazu wirklich ein Nichts sei, untätig dazuliegen. Jedes Luder kann doch stilliegen. In meiner Entschlossenheit erfand ich eine zwar komplizierte, aber unglaublich zweckmäßige Stellung. Ich schlug die Zähne in den oberen Teil des Kopfkissens und krümmte mich derart, daß auch die Brust auf dem Kissen lag, während das rechte Bein aus dem Bett hing und fast den Boden berührte, das linke aber auf dem Bett erstarrte und mich daran festnagelte. Ja, ich hatte ein neues System entdeckt. Nicht ich hielt mich am Bett fest, sondern das Bett sich an mir. Und diese Überzeugung von meiner Untätigkeit bewirkte, daß ich nicht aufgab, auch als die Beklemmung zunahm. Als ich schließlich nachgeben mußte, tröstete mich der Gedanke, daß ein Teil dieser furchtbaren Nacht vorbei sei, und ich wurde auch dadurch belohnt, daß ich mich, nachdem ich mich vom Bett befreit hatte, erleichtert fühlte wie ein Ringer, der sich der Umklammerung des Gegners entwunden hat.

Ich weiß nicht, wie lange ich dann ruhig lag. Ich war müde. Verwundert bemerkte ich hinter meinen geschlossenen Lidern einen seltsamen Schein, lodernde Flammen, die mir von dem Brand herzurühren schienen, den ich in meinem Inneren fühlte. Es waren keine wirklichen Flammen, sondern Farben, die Flammen vortäuschten. Sie beruhigten sich dann und schlossen sich zu runden Formen zusammen, zu Tropfen einer zähen Flüssigkeit, die bald alle in sanftes Blau übergingen, aber noch von einer leuchtendroten Linie umrandet waren. Sie kamen von einem Punkt hoch oben, wurden länger, und nachdem sie sich losgelöst hatten, verschwanden sie in der Tiefe. Ich war es, der zuerst dachte, daß diese Tropfen mich sehen könnten. Und sofort verwandelten sie sich, um mich besser zu sehen, in lauter kleine Augen. Während sie sich beim Sturz in die Länge zogen, bildete sich in ihrem Zentrum ein kleiner Kreis, der, indem er den blauen Schleier verlor, ein wirkliches, boshaftes und übelwollendes Auge freilegte. Ich war geradezu verfolgt von einer Menge, die mir übelwollte. Ich wehrte mich in meinem Bett, stöhnend und ächzend: «Mein Gott!»

«Ist dir nicht wohl?» fragte meine Frau sofort.

Es muß einige Zeit vergangen sein, ehe ich antwortete. Aber dann merkte ich, daß ich nicht mehr in meinem Bett lag, sondern mich daran festklammerte, weil es sich in einen Abhang verwandelt hatte, den ich hinabrutschte. Ich schrie: «Mir ist gar nicht wohl, mir ist hundeelend!»

Meine Frau hatte eine Kerze angezündet und stand in ihrem rosa Nachthemd neben mir. Das Licht beruhigte mich, ja, ich hatte das deutliche Gefühl, geschlafen zu haben und erst jetzt aufgewacht zu sein. Das Bett hatte sich wieder geradegerichtet, und ich lag ohne Mühe darin. Ich sah meine Frau überrascht an, denn nun, da ich wußte, daß ich geschlafen hatte, war ich nicht mehr sicher, sie um Hilfe gerufen zu haben. «Was willst du?» fragte ich.

Sie sah mich verschlafen und müde an. Mein Ruf hatte genügt, sie aus dem Bett zu schrecken, aber nicht, ihr das Verlangen nach Schlaf zu nehmen, so daß sie nicht einmal mehr Wert darauf legte, recht zu haben. Um es kurz zu machen, fragte sie: «Willst du von den Tropfen, die der Doktor dir zum Schlafen verschrieben hat?»

Ich zögerte, sosehr es mich auch nach einer Erleichterung verlangte. «Wenn du willst», sagte ich und bemühte mich, nur resigniert zu erscheinen. Die Tropfen nehmen hieß ja noch nicht zugeben, daß einem nicht wohl war.

Dann kam ein Moment tiefen Friedens. Er dauerte so lange, wie meine Frau in ihrem rosa Hemd beim schwachen Schein der Kerze neben mir stand, um die Tropfen abzuzählen. Das Bett war ein richtiges horizontales Bett, und es genügte, die Lider zu schließen, um jedes Licht auszulöschen. Aber von Zeit zu Zeit öffnete ich sie wieder, und dieses Licht und das Rosa des Hemds schenkten mir nicht weniger Trost als das völlige Dunkel. Doch sie wollte ihren Beistand auch nicht um eine Minute verlängern, und ich wurde in die Nacht zurückgeworfen, um allein um Frieden zu kämpfen.

Ich erinnerte mich, wie ich mich als junger Mann, um rascher einschlafen zu können, gezwungen hatte, an eine häßliche Alte zu denken, die mich jene schönen Gaukelbilder vergessen ließ, die mich bedrängten. Jetzt dagegen durfte ich gefahrlos die Schönheit beschwören, sie würde mir sicher helfen. Das war der Vorteil – der einzige – des Alters. Und ich dachte, indem ich ihre Namen aufzählte, an verschiedene schöne Frauen, Sehnsüchte meiner Jugend, aus einer Zeit, in der es unglaublich viele schöne Frauen gegeben hatte. Aber sie kamen nicht. Nicht einmal jetzt erhörten sie mich. Und ich ließ nicht ab von meinem Bemühen, sie heraufzubeschwören, bis aus der Nacht eine einzige schöne Gestalt aufstieg: Anna! Anna, genau wie sie vor so vielen Jahren gewesen war; aber das Gesicht, das schöne, rosige Gesicht trug einen

Ausdruck von Schmerz und Vorwurf. Denn sie wollte mir nicht den Frieden bringen, sondern das schlechte Gewissen. Das war klar. Und da sie nun einmal da war, begann ich mit ihr zu debattieren. Ich hatte sie verlassen, aber sie hatte sofort einen anderen geheiratet, was nur recht und billig war. Doch dann hatte sie ein Mädchen zur Welt gebracht, das jetzt fünfzehn war und ihr in der zarten Tönung der Haut, im Gold des Haares und dem Blau der Augen glich, deren Gesicht jedoch durch die Einmischung des Vaters, den man ihr ausgesucht hatte, entstellt war: die sanften Wellen des Haars waren zu krausen Löckchen geworden, sie hatte breite Wangen, einen großen Mund und übermäßig dicke Lippen. Doch die Farben der Mutter waren in dieser Vermischung mit den Zügen des Vaters wie ein schamloser Kuß vor aller Welt. Was wollte sie jetzt von mir, nachdem sie sich mir so oft mit dem Gatten verbunden gezeigt hatte?

Und zum erstenmal an diesem Abend glaubte ich, gesiegt zu haben. Anna wurde milder, fast als sähe sie es ein. Und nun mißfiel mir ihre Gesellschaft auch nicht mehr. Sie konnte bleiben. Und beim Einschlafen bewunderte ich sie, die Schöne und Gute, die nun von mir Überzeugte. Bald war ich entschlummert.

Ein gräßlicher Traum. Ich befand mich in einem komplizierten Bau, den ich aber sofort durchschaute, als wäre ich ein Teil davon. Eine weite Grotte, roh, ohne jeden phantastischen Zierat, wie die Laune der Natur ihn in den Grotten hervorbringt, und daher sicher ein Werk von Menschenhand; eine dunkle Grotte, in der ich auf einem hölzernen Dreifuß neben einem Glasschrein saß, den schwach ein Licht erhellte, das mir von ihm auszugehen schien, das einzige Licht, das in dem weiten Raum war und ausreichte, mich, eine Wand aus rohen Steinblökken und darunter einen betonierten Sockel zu beleuchten. Wie ausdrucksvoll sind doch die Bauwerke des Traums! Man wird sagen, sie sind es, weil sie der, der sie entworfen hat, mühelos durchschaut, und das stimmt. Aber das Überraschende ist, daß der Architekt nicht weiß, daß er sie geschaffen hat, und sich, wenn er wach ist, nicht einmal mehr daran erinnert; und wenn er an jene Welt zurückdenkt, aus der er aufgetaucht ist und in der die Bauwerke so leicht emporsteigen, mag er sich wundern, daß man dort alles ohne ein einziges Wort versteht.

Ich wußte sofort, daß diese Grotte von einigen Männern erbaut worden war, die sie für eine von ihnen erfundene Kur verwendeten, eine Kur, die für einen der Eingeschlossenen (viele mußten sich dort unten im Dunkel befinden) tödlich sein mußte, für alle anderen aber heilbringend. Genau so! Eine Art Religion, die ein Sühneopfer erforderte, und das überraschte mich natürlich nicht.

Noch leichter war zu erraten, daß ich, den man so nahe neben den Glasschrein gesetzt hatte, in dem das Opfer ersticken sollte, ausersehen war, zum Nutzen aller anderen zu sterben. Und ich fühlte bereits die Schmerzen des furchtbaren Todes, der mich erwartete. Ich atmete schwer, der Kopf tat mir weh und hatte ein solches Gewicht, daß ich ihn mit den Händen stützte, die Ellbogen auf den Knien.

Plötzlich sprachen einige Menschen, die sich in der Dunkelheit verborgen hielten, all das aus, was ich schon wußte. Meine Frau redete als erste: «Beeil dich, der Doktor hat gesagt, daß du es bist, der in den Schrein da muß.» Das erschien mir schmerzlich, aber ganz logisch. Daher widersprach ich nicht, sondern tat so, als ob ich nicht hörte. Und ich dachte: Die Liebe meiner Frau ist mir schon immer töricht vorgekommen. Viele andere Stimmen riefen gebieterisch: «Wollen Sie endlich gehorchen?» Unter diesen Stimmen hörte ich deutlich die von Doktor Paoli heraus. Ich konnte nicht widersprechen, aber ich dachte: Er tut es, weil er dafür bezahlt wird.

Ich hob den Kopf, um noch einmal den Glasschrein zu betrachten, der mich erwartete. Da entdeckte ich, daß die Braut auf dem Deckel saß. Auch an diesem Ort bewahrte sie ihren unveränderlichen Ausdruck ruhiger Sicherheit. Ehrlich gesagt, ich verachtete diese Gans, aber ich merkte sofort, daß sie für mich sehr wichtig war. Darauf wäre ich auch im realen Leben gekommen, wenn ich sie auf dem Instrument hätte sitzen sehen, das dazu dienen sollte, mich zu töten. Und nun schaute ich sie schwanzwedelnd an. Ich kam mir vor wie eines jener winzigen Hündchen, die sich schwanzwedelnd durchs Leben schlagen. Eine Schmach!

Aber die Braut sprach. Ohne jede Erregung, als wäre es die natürlichste Sache von der Welt, sagte sie: «Onkel, der Schrein ist für Euch.»

Ich mußte allein um mein Leben kämpfen. Auch das erriet ich. Ich hatte das Gefühl, eine gewaltige Anstrengung vollbringen zu können, ohne daß jemand es merkte. Genau wie ich vorher eine Kraft in mir gespürt hatte, die mich in die Lage versetzte, ohne zu sprechen meinen Richter für mich zu gewinnen, so entdeckte ich nun in mir eine Kraft, ich weiß nicht, was es war, zu kämpfen, ohne mich zu bewegen, und damit meine Gegner ohne Vorwarnung zu überfallen. Und die Anstrengung führte sofort zum Erfolg.

Denn schon saß Giovanni, der dicke Giovanni, in dem leuchtenden Glasschrein, auf einem Holzschemel, ähnlich dem meinen, und in der gleichen Stellung wie ich. Er saß vornübergebeugt, da der Schrein zu niedrig war, und hielt die Brille in der Hand, damit sie ihm nicht von der Nase fiel. Aber so machte er ein wenig den Eindruck, als ob er dabei wäre, einen Handel abzuschließen, und die Brille nur abgenommen hätte, um, ohne etwas zu sehen, besser nachdenken zu können. Und tatsächlich dachte er, obwohl schweißgebadet und schon schwer atmend, nicht an den nahen Tod, sondern war voller Bosheit, wie seine Augen verrieten, in denen ich den Entschluß zur gleichen Anstrengung las, die ich kurz zuvor unternommen hatte. Deshalb konnte ich auch kein Mitleid mit ihm haben, sondern fürchtete mich vor ihm.

Auch Giovannis Anstrengung hatte Erfolg. Kurz darauf saß Alberi, der lange, magere, gesunde Alberi, statt seiner im Schrein, in der gleichen Stellung wie Giovanni, die für ihn wegen seiner Körpermaße aber noch schlimmer war. Er war regelrecht zusammengeklappt und hätte sicherlich mein Mitleid erregt, wenn nicht auch bei ihm außer der Atemnot eine große Bosheit zu erkennen gewesen wäre. Er sah mich mit einem tückischen Lächeln von unten herauf an, wissend, daß es nur von ihm abhing, ob er in diesem Schrein sterben mußte oder nicht.

Vom Schrein herunter fing die Braut wieder zu reden an: «Jetzt ist die Reihe sicher an Euch, Onkel.» Sie betonte die Worte mit großer Pedanterie. Und ihre Worte wurden von einem anderen Ton begleitet, weit weg, hoch oben. Aus diesem langgezogenen Ton, der von einer Person herrührte, die sich eilig entfernte, erkannte ich, daß die Grotte in einem steilen Gang endete, der an die Erdoberfläche führte. Es war nur ein Zischen, aber ein Zischen der Zustimmung, und es kam von Anna, die mir noch einmal ihren Haß kundtat. Sie hatte nicht den Mut, ihn in Worte zu kleiden, weil ich sie tatsächlich überzeugt hatte, daß sie mir gegenüber schuldiger war als ich ihr gegenüber. Aber die Überzeugung vermag nichts, wenn es sich um Haß handelt.

Ich war von allen verurteilt. Fern von mir, irgendwo in der Grotte, gingen inzwischen meine Frau und der Arzt auf und ab, und ich erriet, daß meine Frau gereizt aussah. Sie gestikulierte heftig mit den Händen und zählte alle meine Missetaten auf: der Wein, das Essen und meine grobe Art gegen sie und meine Tochter.

Ich fühlte mich durch Alberis triumphierend auf mich gerichteten Blick zum Schrein hingezogen. Ich rutschte langsam mit meinem Schemel näher, immer nur um wenige Millimeter, aber ich wußte, wenn ich bis auf einen Meter heran wäre (so wollte es das Gesetz), würde ich mich mit einem einzigen Satz darin eingeschlossen finden und nach Luft schnappen.

Aber es gab noch eine Hoffnung auf Rettung. Giovanni, der sich von der Anstrengung seines harten Kampfes völlig erholt hatte, war neben dem Schrein erschienen, den er nicht mehr zu fürchten brauchte, weil er schon drinnen gewesen war (auch das war dort unten Gesetz). Er stand aufrecht im vollen Licht und sah bald Alberi an, der nach Luft schnappte und drohte, bald mich, der ich mich langsam näherte.

Ich schrie: «Giovanni! Hilf mir, ihn drinzuhalten... ich geb dir Geld!» Die ganze Grotte hallte wider von meinem Schrei, und es klang wie Hohngelächter. Ich begriff. Es war umsonst zu bitten. Im Schrein mußte nicht der sterben, der zuerst hineingesteckt worden war, auch nicht der zweite, sondern der dritte. Auch das war ein Gesetz der Grotte, das mich, wie alle anderen dieser Gesetze, zugrunde richtete. Außerdem war es hart, einsehen zu müssen, daß das Gesetz nicht erst in diesem Augenblick gemacht worden war, um ausgerechnet mir zu schaden. Es entstammte ebenfalls dieser Dunkelheit und diesem Licht. Giovanni antwortete nicht einmal, sondern zuckte die Achseln, um mir sein Bedauern anzudeuten, daß er mich nicht retten oder mir die Rettung verkaufen könne.

Und da schrie ich noch einmal: «Wenn es nicht anders geht, nehmt meine Tochter. Sie schläft hier nebenan. Es wird leicht sein.» Auch diese Schreie wurden von einem gewaltigen Echo zurückgeworfen. Ich war davon wie betäubt, aber ich schrie wieder, um meine Tochter zu rufen: «Emma, Emma, Emma!»

Und tatsächlich: aus der Tiefe der Grotte erreichte mich Emmas Antwort, der Klang ihrer noch so kindlichen Stimme: «Hier bin ich, Papa, hier bin ich.»

Mir schien, sie habe nicht sofort geantwortet. Dann gab es eine heftige Erschütterung, die ich meinem Sprung in den Schrein zuschreiben zu müssen glaubte. Ich dachte noch: Daß dieses Mädchen immer trödeln muß, wenn es ums Gehorchen geht! Diesmal wurde mir ihre Trödelei zum Verhängnis, und ich war voll Groll.

Ich wachte auf. Das war die Erschütterung gewesen. Der Sprung von einer Welt in die andere. Ich hing mit Kopf und Oberkörper über dem Bettrand und wäre aus dem Bett gefallen, wenn meine Frau nicht herbeigeeilt wäre, um mich zu halten. Sie fragte: «Hast du geträumt?» Und dann, gerührt: «Du hast nach deiner Tochter gerufen. Siehst du, wie lieb du sie hast!»

Ich war zuerst geblendet von dieser Wirklichkeit, in der mir alles entstellt und verfälscht erschien. Und ich sagte zu meiner Frau, die doch auch alles wissen sollte: «Wie werden unsere Kinder uns je verzeihen können, daß wir ihnen dieses Leben gegeben haben?»

Doch sie, in ihrer Einfalt, sagte: «Unsere Kinder sind glücklich, daß sie leben.»

Das Leben, das ich in diesem Augenblick als das wahre empfand, nämlich das Leben des Traums, hielt mich noch immer in seinem Bann, und davon wollte ich Zeugnis ablegen: «Weil sie noch nichts wissen.»

Aber dann verstummte ich und hing meinen Gedanken nach. Im Fenster neben meinem Bett wurde es hell, und in diesem Licht fühlte ich sofort, daß ich den Traum nicht erzählen durfte, weil ich seine Schmach verbergen mußte. Aber schon bald, während das Sonnenlicht kühl und sanft und doch gebieterisch weiter ins Zimmer drang, empfand ich diese Schmach überhaupt nicht mehr. Es war nicht mein Leben, das Leben des Traums, und ich war nicht derjenige, der mit dem Schwanz wedelte und, um sich selbst zu retten, bereit war, die eigene Tochter zu opfern.

Ich mußte jedoch die Rückkehr in jene

schreckliche Grotte vermeiden. Und so kam es, daß ich fügsam wurde und mich bereitwillig der Diät des Doktors unterwarf. Aber sollte ich je – ohne meine Schuld, also nicht wegen übermäßigen Trinkens, sondern in den letzten Fieberschauern – in jene Grotte zurückkehren müssen, würde ich sofort in den Glasschrein springen, falls es ihn gibt, um nicht mit dem Schwanz zu wedeln und Verrat zu üben.

50 JAHRE ROWOHLT ROTATIONS ROMANE

50 Taschenbücher im Jubiläumsformat
Einmalige Ausgabe

Paul Auster, *Schlagschatten*
Simone de Beauvoir, *Ein sanfter Tod*
Pinckney Benedict, *Der Tag, an dem ich Moon rausholte*
Tania Blixen, *Stürme*
Wolfgang Borchert, *Die Hundeblume*
Paul Bowles, *Die leichte Beute*
Richard Brautigan, *Wir brauchen mehr Gärten*
Rolf Dieter Brinkmann, *Guten Tag wie geht es so*
Harold Brodkey, *Eine nahezu klassische Story*
Albert Camus, *Der Abtrünnige*
Truman Capote, *Die Stimme aus der Wolke*
John Cheever, *Im Schatten der Ginflasche*
Roald Dahl, *Gelée Royale*
Friedrich Christian Delius, *Die Birnen von Ribbeck*
Irene Dische, *Mr. Lustgarten verliebt sich*
Deborah Eisenberg, *Wie es mit Chris war*
Carlos Fuentes, *Die Puppenprinzessin*
Elke Heidenreich, *Kleine Reise*
Ernest Hemingway, *Das kurze glückliche Leben des Francis Macomber*
James Herriot, *Tricky Woo*
Mascha Kaléko, *Großstadtliebe*
Elsa Sophia von Kamphoevener, *Ali, der Meisterdieb*
Jack Kerouac, *Allein auf einem Berggipfel*
William Kotzwinkle, *Brief an einen Schwan*

50 JAHRE ROWOHLT ROTATIONS ROMANE

Helmut Krausser, *Das Liebesleben des Giacomo Müller*
Kathy Lette, *Er kommt um sieben*
Malcolm Lowry, *Hotelzimmer in Chartres*
Klaus Mann, *April, nutzlos vertan*
Henry Miller, *Das kleine Buch der Freunde*
Lorrie Moore, *Zwei Männer*
Paul Morand, *Amouren*
Alberto Moravia, *Ist er nicht reizend?*
Milena Moser, *Der junge Mann von gegenüber*
Harry Mulisch, *Das Standbild und die Uhr*
Robert Musil, *Allerhand Fragliches*
Vladimir Nabokov, *Der Zauberer*
Anaïs Nin, *Pfauenfedern*
Beth Nugent, *Heuschrecken*
Dorothy Parker, *Eine starke Blondine*
Rosamunde Pilcher, *Der Brombeertag*
Edgar Allan Poe, *Die schwarze Katze*
Thomas Pynchon, *Unter dem Siegel*
Philip Roth, *Das Lied verrät nicht seinen Mann*
Peter Rühmkorf, *Die Last, die Lust und die List*
Jean-Paul Sartre, *Briefe an Simone de Beauvoir 1926–1935*
Isaac Bashevis Singer, Der seidene Kaftan
Italo Svevo, *Mein Müßiggang*
Kurt Tucholsky, *Die Unterwelt der Gefühle*
John Updike, *Museen und Musen*
Joy Williams, *Die blauen Männer*

Programmänderungen vorbehalten